Inhalt

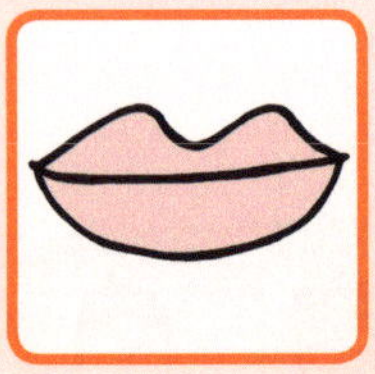

Ich kann Mundwörter erkennen.

Ich sehe 4 Buchstaben.	Ich höre 4 Laute, wenn ich lese.	Löwe ist ein Mundwort.
L ö w e	L ö w e • • • •	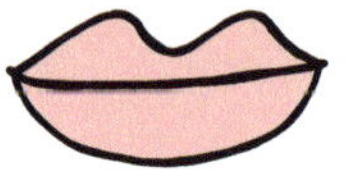

Was stimmt?

- ○ Bei einem Mundwort höre ich alle Buchstaben.
- ○ Bei einem Mundwort höre ich nicht alle Buchstaben.

6 Wörter sind Mundwörter. Markiere die Wörter.

Ufo	Wal	Kuh
Mücke	Salami	Tomate
Brot	Fliege	Knete

Schreibe die Mundwörter ab.

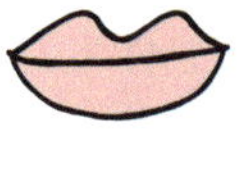 ______________________ 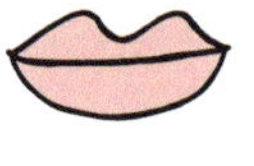 ______________________

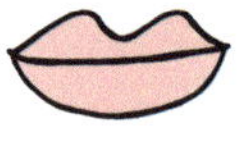 ______________________ 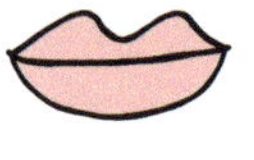 ______________________

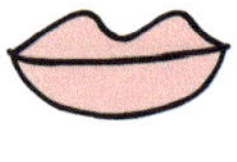 ______________________ 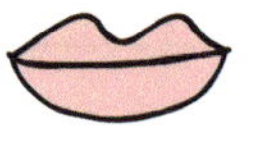 ______________________

Fragen beantworten, Mundwörter markieren, Mundwörter abschreiben

Ich kann besondere Stellen im Wort erkennen.

Diese Wörter haben eine besondere Stelle.
Eine besondere Stelle ist schwer zu hören.
Der springende Punkt zeigt die Stelle.

Kugel	fahren	Esel	spielen
Tasse	essen	viel	Zahl

Ordne die Wörter zu den springenden Punkten.

ie

ah

el

ss

Finde in jedem Wort eine besondere Stelle.
Markiere die Stelle mit einem springenden Punkt.

Klasse	Vogel	liegen	Zahn
Kuh	Decke	Katze	mehr

Ich kann das ABC.
Ich kann Wörter im Wörterheft nachschlagen.

Ordne die Wörter nach dem ABC. Schreibe sie in die Wörterliste.

Zebra	Foto	Ball	Uhr	Nase	Pirat

A B C D E F G H I	J K L M N O P Qu R	S T U V W X Y Z
Affe	**J**udo	**S**alat
	Kiwi	**T**üte
Cola	**L**öwe	
Dose	**M**aus	**V**ase
Ente		**W**al
	Ofen	**X**-Beine
Gabel		**Y**oga
Hase	**Qu**alle	
Insel	**R**ose	

Finde die Wörter im Wörterheft.
Schreibe den Nachfolger ab.

baden

haben

Dezember

Quark

Eis

sagen

Wörter in die ABC-Liste schreiben, Wörter nachschlagen, das nachfolgende Wort abschreiben

Ich kann Vokale im Wort erkennen.
Alle Buchstaben im blauen Turm sind Vokale.

Kreise hier alle Vokale ein.

Eu eu	M m	I i	E e	D d	Au au
A a	O o	G g	Ö ö	P p	Ä ä
Z z	Ü ü	K k	Ei ei	H h	U u

Markiere in jedem Wort die Vokale.
Schreibe die Vokale in die Silbenbögen.

lei se	Do se	hun dert	Kro ko dil
lau fen	Wol ke	Lö we	freu en
In sel	fah ren	zäh len	Schul tü te

Was stimmt?

- ◯ Die Vokale stehen im gelben Turm.
- ◯ Die Vokale stehen im blauen Turm.

- ◯ In jeder Silbe muss ein Vokal stehen.
- ◯ In manchen Silben steht ein Vokal.

Lernplaner 1

Anfang und Ende von Sätzen sichtbar machen

Konfetti

Seite 8	Seite 9	Seite 10	Seite 11

Für Profis

fertig am: ____________________

Wo kommt der Punkt hin?

So viele Karten habe ich bearbeitet:

1. Mal:	2. Mal:

fertig am: ____________________

Klammerkarten: Frage und Antwort

Diese Klammerkarten habe ich bearbeitet:

1	2	3	4

fertig am: ____________________

Fitness-Training 1:

Schreiben im Tandem

Nr.

Nr.

fertig am: ____________________

Fitness-Training 2:

Wortschatzkarte

Nr.

fertig am: ____________________

Fitness-Training 3:

Nachschlagen im Wörterheft

fertig am: ____________________

Zum Bild schreiben:

Das sehe ich – Das denke ich

fertig am: ____________________

Das kann ich schon!
Anfang und Ende von Sätzen sichtbar machen R1

Name: ________ Datum: ________

Finde die fünf Sätze.

Setze am Ende der Sätze einen Punkt.

- Eichhörnchen viele Nüsse im Herbst
- Eichhörnchen sammeln Nüsse im Herbst
- Die Vögel fliegen in den Süden
- Viele Vögel lange in den Süden
- Die Igel verstecken sich im Laub
- Die Igel verstecken gestern
- Die Hasen ein dickes Winterfell
- Hasen bekommen ein Winterfell
- Hunde haben im Winter ein dichtes Fell
- Auch Hauskatzen haben im Winter dichtes

Ich kann Anfang und Ende eines Satzes sichtbar machen.

So viele Sterne gebe ich mir:

☆ ☆ ☆ ☆ ☆

fertig am: ____________________

____________________ Schülerin/Schüler

____________________ Lehrerin/Lehrer

Ich kann das Satzende mit einem Punkt sichtbar machen.

Finde die Sätze.

○ Gespenster munter sehr
○ Gespenster sind munter.

○ Ein Vogel fliegt in der Luft.
○ ein bunter Vogel fliegt lange in

Finde die Sätze. Setze am Satzende einen Punkt.

○ Kinder im Sommer sehr gern
○ Kinder gehen gern baden

○ Die Sonne scheint hell
○ Sonne hell

○ Hunde wedeln mit dem Schwanz
○ Hunde oft vor Freude

○ Wasser sehr kalt
○ Das Wasser ist kalt

Bilde mit den Wörtern einen Satz.

Kinder gern Eis essen

Zwei Punkte fehlen. Trage sie ein.

Delfine sind keine Fische Delfine atmen mit Lungen.

Igel fressen Insekten Igel jagen ihre Beute in der Nacht.

Ich kann den Satzanfang mit einem großen Buchstaben sichtbar machen.

Markiere bei jedem Satz den ersten Buchstaben.

Die Giraffen leben in Afrika.
Sie werden bis zu 6 Meter hoch.
Giraffen fressen Blätter von den Bäumen.

Was stimmt?

- ○ Das erste Wort im Satz hat einen großen Anfangsbuchstaben.
- ○ Das erste Wort im Satz hat einen kleinen Anfangsbuchstaben.

Setze Punkte und schreibe den ersten Buchstaben in jedem Satz groß.

E ~~e~~lefanten leben in Afrika und Asien
sie werden mehr als 60 Jahre alt
am Tag trinken sie fast 200 Liter
das ist eine ganze Badewanne voll Elefanten kühlen
sich gern im Wasser oder Schlamm ab

Ich kann am Ende eines Fragesatzes ein Fragezeichen setzen.

Das sind Fragen. Am Ende einer Frage steht ein Fragezeichen. Markiere die Fragezeichen.

Wie heißt du? Kannst du schwimmen? Spielst du Fußball?
In welche Klasse gehst du? Wie alt bist du? Wo wohnst du?

Schreibe die Fragezeichen nach. Schreibe eigene Fragezeichen.

? ? ?

Finde die Fragesätze. Setze die Fragezeichen.

Was ist ein Fohlen Ein junges Pferd heißt Fohlen.

Welche Vögel können nicht fliegen Das sind die Pinguine.

Wo leben Kängurus Kängurus leben in Australien.

Sind Fledermäuse Vögel Nein, sie sind Säugetiere.

Was stimmt?

- ◯ Nach dem Fragezeichen schreibe ich das erste Wort mit einem kleinen Anfangsbuchstaben.
- ◯ Nach dem Fragezeichen schreibe ich das erste Wort mit einem großen Anfangsbuchstaben.

Ich kann am Satzende
passende Satzzeichen setzen.

Was passt? Setze ein Fragezeichen oder einen Punkt ein.

Verbinde jede Frage mit der passenden Antwort.

Wie heißt das größte Säugetier der Welt

Wale atmen mit Lungen

Atmen Wale mit Lungen

Das größte Säugetier der Welt ist der Blauwal

Igel schlafen im Winter

Was können Hasen sehr gut

Hasen können gut Haken schlagen

Welches Tier hält Winterschlaf

Was möchtest du gern wissen? Schreibe drei Fragen auf.

Hier fehlen die Zeichen am Satzende.
Setze fünf Punkte und drei Fragezeichen ein.

Warum jucken Mückenstiche eigentlich ___

Mückenstiche können ganz schön unangenehm sein ___

Kennst du das auch ___

Manchmal jucken sie tagelang ganz fürchterlich ___

Es stechen aber nur die Weibchen zu ___

Sie brauchen das Blut für die Entwicklung ihrer Eier ___

Die Spucke der Mücke löst bei uns das Jucken aus ___

Hast du das gewusst ___

Wo beginnt etwas Neues?
Setze vier Punkte. Schreibe die Satzanfänge groß.

unsere Erde ist ein Planet wir kennen noch sieben andere Planeten alle kreisen um die Sonne nur auf der Erde gibt es Leben

Was stimmt?

Nach einer Frage steht manchmal ein Fragezeichen. ○	Das Wort nach dem Punkt hat immer einen großen Anfangs-buchstaben. ○	In der Mitte eines Satzes kann ein Punkt stehen. ○	Nach einer Frage steht immer ein Fragezeichen. ○

Fitness-Training

Schreiben im Tandem Nr. __

Schreiben im Tandem Nr. __

Drei Wörter von der Wortschatzkarte, die ich sicher schreiben kann.

Finde im Wörterheft zu den Buchstaben das letzte Wort.
Schreibe die Seitenzahl auf.

M		Seite
S		Seite
P		Seite
K		Seite
T		Seite
L		Seite

Zum Bild schreiben:

Das sehe ich – Das denke ich

Das sehe ich:

Ein Rechtschreibtipp:
Ich denke, dass ...

Das denke ich:

Sind deine Sätze vollständig?
Lies deine Sätze einem Partnerkind vor.
Verbessere unvollständige Sätze.

Das möchte dir deine Lehrerin/dein Lehrer zu deinem Text sagen:

1. Überprüfe den Text mit diesem Werkzeug und verbessere Fehler:

2. Finde dieses Wort/diese Wörter und verbessere:

3. Überprüfe mit diesen Lupen und verbessere Fehler:

4. Schreibe diese Wörter auf deine Trainingskarte und übe sie:

Lernplaner 2

Verlängerte Wörter als Schreibhilfe nutzen

Konfetti

Seite 18	Seite 19	Seite 20	Seite 21	Für Profis

fertig am: ____________________

Am Ende **d** oder **t** ? Am Ende **g** oder **k** ?

So viele Karten habe ich bearbeitet:

1. Mal:	2. Mal:

fertig am: ____________________

Klammerkarten: Was steht am Ende?

Diese Klammerkarten habe ich bearbeitet:

1	2

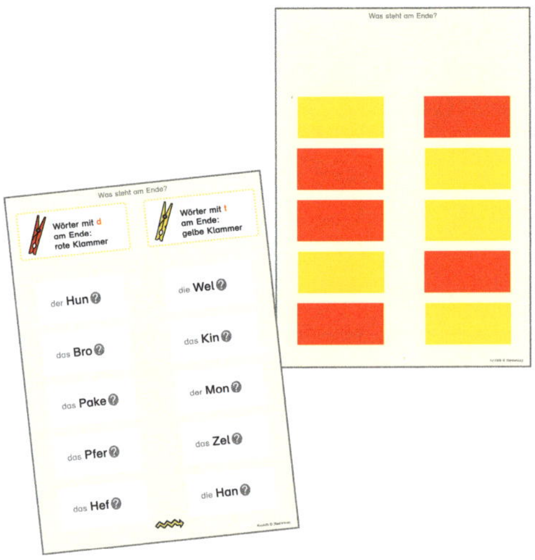

fertig am: ____________________

Fitness-Training 1:

Schreiben im Tandem

 Nr.  Nr.

fertig am: ____________________

Fitness-Training 2:

Wortschatzkarte

Nr.

fertig am: ____________________

Fitness-Training 3:

Nachschlagen im Wörterheft

fertig am: ____________________

Zum Bild schreiben:

Das sehe ich – Das denke ich

fertig am: ____________________

Ich kann verlängerte Wörter als Schreibhilfe nutzen.

So viele Sterne gebe ich mir:

☆ ☆ ☆ ☆ ☆

fertig am: ____________________

____________________ Schülerin/Schüler

____________________ Lehrerin/Lehrer

b g d

Ich kann verlängerte Wörter als Schreibhilfe nutzen.

Lies und ergänze die fehlenden Buchstaben.

d oder t ?

Verlängere das Wort und du hörst es sofort.

Hunde mit d: Hund mit d

der Hun ? 	viele Hunde 	der Hun___ 
das Kin ?	viele Kinder	das Kin___
das Ra ?	viele Räder	das Ra___
die Han ?	viele Hände	die Han___

Lies und ergänze die fehlenden Buchstaben.

d oder t ?

Verlängere das Wort und du hörst es sofort.

Piraten mit t: Pirat mit t

der Pira ? 	viele Piraten 	der Pira___ 
das Zel ?	viele Zelte	das Zel___
das Hef ?	viele Hefte	das Hef___
der Hu ?	viele Hüte	der Hu___

 Schreibweise vermuten, nachschlagen und aufschreiben, fehlende Buchstaben ergänzen

b g d

Ich kann verlängerte Wörter als Schreibhilfe nutzen.

Ergänze die fehlenden Buchstaben **d** oder **t** .

d oder t ?

die Wan ?	→ viele Wän___e	die Wan___
das Wor ?	→ viele Wör___er	das Wor___
die Wel ?	→ viele Wel___en	die Wel___
der Wal ?	→ viele Wäl___er	der Wal___
das Pfer ?	→ viele Pfer___e	das Pfer___
der Freun ?	→ viele Freun___e	der Freun___
der Plane ?	→ viele Plane___en	der Plane___
das Pake ?	→ viele Pake___e	das Pake___
das Bro ?	→ viele Bro___e	das Bro___
der Stran ?	→ viele Strän___e	der Stran___

b g d

Ich kann verlängerte Wörter als Schreibhilfe nutzen.

Lies und ergänze die fehlenden Buchstaben.

g oder k ?	Verlängere das Wort und du hörst es sofort.	Könige mit g: König mit g
der Köni ? 	viele Könige 	der Köni___ 
der Zwei ?	viele Zweige	der Zwei___
der Zu ?	viele Züge	der Zu___
der We ?	viele Wege	der We___

Lies und ergänze die fehlenden Buchstaben.

g oder k ?	Verlängere das Wort und du hörst es sofort.	Bank mit k: Bank mit k
die Ban ? 	viele Bänke 	die Ban___ 
das Geschen ?	viele Geschenke	das Geschen___
das Geträn ?	viele Getränke	das Geträn___
der Schran ?	viele Schränke	der Schran___

b g d

Ich kann verlängerte Wörter als Schreibhilfe nutzen.

Ergänze die fehlenden Buchstaben g oder k .

g oder k ?

die Bur ?	viele Bur___en	die Bur___
das Gelen ?	viele Gelen___e	das Gelen___
der Ber ?	viele Ber___e	der Ber___
der Ta ?	viele Ta___e	der Ta___
der Zwer ?	viele Zwer___e	der Zwer___
der Flu ?	viele Flü___e	der Flu___
der Käfi ?	viele Käfi___e	der Käfi___
die Zeitun ?	viele Zeitun___en	die Zeitun___
der Eingan ?	viele Eingän___e	der Eingan___
der Par ?	viele Par___s	der Par___

Ergänze die passenden Buchstaben.

b oder p ?

der Die ?	viele Die___e	der Die___
der Kor ?	viele Kör___e	der Kor___
der Sta ?	viele Stä___e	der Sta___

Ergänze die fehlenden Buchstaben.

Eulen gibt es auf der ganzen Wel___.
Viele Eulen leben im Wal___. Sie bauen kein Nes___.
Sie legen ihre Eier da ab, wo es ihnen gefällt.
Eulen jagen in der Nach___.
Am Ta___ ruhen sie sich aus.
Sie verstecken sich zwischen den
Zwei___en der Bäume. Eulen haben besondere Federn.
Deshalb fliegen sie fast ohne Geräusch.

Was stimmt?

Ich verlängere, wenn ich am Wortende ein k höre.	○
Ich verlängere, wenn ich am Wortende ein u höre.	○
Ich verlängere, wenn ich am Wortende ein p höre.	○
Ich verlängere, wenn ich am Wortende ein t höre.	○

Fitness-Training

Schreiben im Tandem Nr. __

Schreiben im Tandem Nr. __

Drei Wörter von der Wortschatzkarte, die ich sicher schreiben kann.

Schlage im Wörterheft nach und ergänze die passenden Buchstaben.
Schreibe die Seitenzahl auf.

der Frühlin___	Seite ___
der Janua___	Seite ___
das Gel___	Seite ___
das Jah___	Seite ___
das Fel___	Seite ___
der Spaziergan___	Seite ___

das Obs___	Seite ___
der Herbs___	Seite ___
der Quar___	Seite ___
der Sonnta___	Seite ___
das Oh___	Seite ___
das Klavie___	Seite ___

Zum Bild schreiben:

Das sehe ich – Das denke ich

Das sehe ich:

Ein Rechtschreibtipp:
Ich denke, **dass** ...

Das denke ich:

Sind deine Sätze vollständig?
Lies deine Sätze einem Partnerkind vor.
Verbessere unvollständige Sätze.

Das möchte dir deine Lehrerin/dein Lehrer zu deinem Text sagen:

1. Überprüfe den Text mit diesem Werkzeug und verbessere Fehler:

2. Finde dieses Wort/diese Wörter und verbessere:

3. Überprüfe mit diesen Lupen und verbessere Fehler:

4. Schreibe diese Wörter auf deine Trainingskarte und übe sie:

Lernplaner 3

Verwandte Wörter als Schreibhilfe nutzen

Konfetti

Seite 28	Seite 29	Seite 30	Seite 31	Für Profis

fertig am: ____________________

Kennst du ein verwandtes Wort?

So viele Karten habe ich bearbeitet:

1. Mal:	2. Mal:

fertig am: ____________________

Klammerkarten: Verwandte Wörter

Diese Klammerkarten habe ich bearbeitet:

1	2

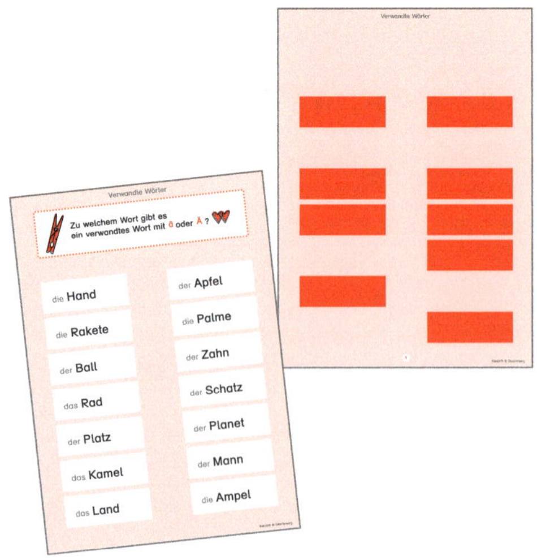

fertig am: ____________________

Fitness-Training 1:

Schreiben im Tandem

Nr.

Nr.

fertig am: ____________________

Fitness-Training 2:

Wortschatzkarte

Nr.

fertig am: ____________________

Fitness-Training 3:

Nachschlagen im Wörterheft

fertig am: ____________________

Zum Bild schreiben:

Das sehe ich – Das denke ich

fertig am: ____________________

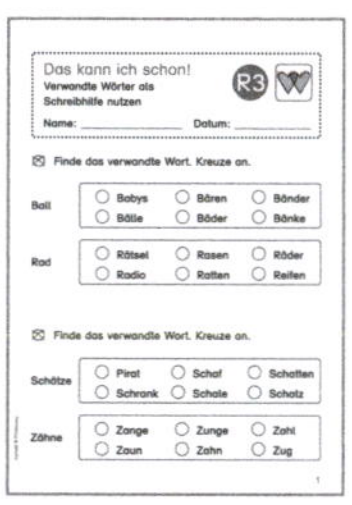

Ich kann verwandte Wörter als Schreibhilfe nutzen.

So viele Sterne gebe ich mir:

☆ ☆ ☆ ☆ ☆

fertig am: ____________________

____________________ ____________________

Schülerin/Schüler Lehrerin/Lehrer

Ich kann verwandte Wörter erkennen.

Finde verwandte Wörter.

Ball – Bälle sind verwandte Wörter.

Ball		Babys ◯	Bälle ◯	Bänder ◯	Bären ◯
Blatt		Bäume ◯	Blumen ◯	Blasen ◯	Blätter ◯
Glas		Graben ◯	Gries ◯	Gläser ◯	Gräser ◯
Apfel		Äpfel ◯	Ameisen ◯	Angeln ◯	Ärger ◯

Verbinde verwandte Wörter.

Schreibe zum verwandten Wort die gleiche Nummer.

1	viele Bälle	ein Zahn	
2	viele Zähne	ein Schatz	
3	viele Schätze	ein Satz	
4	viele Äste	ein Ball	1
5	viele Sätze	ein Land	
6	viele Nächte	eine Nacht	
7	viele Länder	ein Ast	

Ich kann verwandte Wörter als Schreibhilfe nutzen.

Lies und ergänze den passenden Buchstaben.

viele B?lle

Finde ein verwandtes Wort und du weißt es sofort.

ein Ball

Das a in Ball wird ä in Bälle

die B___lle

Setze a oder ä ein. Markiere das ä.

eine Bank viele B___nke	eine Jacke viele J___cken	ein Kamm viele K___mme
ein Rad viele R___der	ein Dach viele D___cher	ein Hase viele H___sen
ein Planet viele Pl___neten	ein Platz viele Pl___tze	ein Mann viele M___nner
eine Tasche viele T___schen	ein Arzt viele ___rzte	ein Wald viele W___lder

Was fehlt: a oder ä ?
Setze fehlende Buchstaben ein.

Vier M___nner wollten zu den Pl___neten fliegen.
Im Raumschiff gab es aber nur drei Pl___tze.
Das war ein Pl___tz zu wenig. Ein M___nn blieb zurück.
Er baute sich eine eigene R___kete und flog nach.

Ich kann verwandte Wörter erkennen.

Finde verwandte Wörter.

Baum – Bäume sind verwandte Wörter.

Baum	Blumen ◯	Bären ◯	Bäume ◯	Beulen ◯
Maus	Maulwurf ◯	Mäuse ◯	Mauern ◯	Märchen ◯
Zaun	Zauberer ◯	Zahlen ◯	Zähne ◯	Zäune ◯
Faust	Füße ◯	Fäuste ◯	Finger ◯	Federn ◯

Verbinde verwandte Wörter.

Schreibe zum verwandten Wort die gleiche Nummer.

1	Häuser	Schlauch	☐
2	Schläuche	Strauch	☐
3	Fäuste	Faust	☐
4	Sträucher	Haus	1
5	Träume	Maus	☐
6	Zäune	Zaun	☐
7	Mäuse	Traum	☐

Ich kann verwandte Wörter als Schreibhilfe nutzen.

Lies und ergänze den passenden Buchstaben.

viele B?me

Finde ein verwandtes Wort und du weißt es sofort.

ein Baum

Das **au** in B**au**m wird **äu** in B**äu**me.

viele B___me

Setze **au** oder **äu** ein. Markiere das **äu**.

eine Maus viele M___se	eine Raupe viele R___pen	ein Strauch viele Str___cher
eine Faust viele F___ste	ein Traum viele Tr___me	eine Mauer viele M___ern
eine Schaukel viele Sch___keln	ein Bauch viele B___che	ein Raum viele R___me
ein Schlauch viele Schl___che	ein Astronaut viele Astron___ten	ein Haus viele H___ser

Was fehlt: **au** oder **äu** ?
Setze fehlende Buchstaben ein.

Die Astron___ten staunten. Zwei kleine M___se liefen durch ihr R___mschiff. Die Astron___ten prüften sofort die Schl___che an ihren R___manzügen. Sie fingen erst die eine M___s, danach die andere M___s.

Ergänze die fehlenden Buchstaben.

Flederm____se jagen in W____ldern und Wiesen nach Insekten.
Sie fangen die Insekten mit ihren spitzen Z____hnen.
Sie leben oft unter den D____chern von alten H____sern.
Im Herbst suchen sie nach Höhlen in alten B____men.
Dort halten sie Winterschlaf.
Ob Flederm____se im Winterschlaf
schöne Tr____me haben?

Sechs Wörter haben kein verwandtes Wort mit a.

Mädchen ○	Blätter ○	Kämme ○	Käse ○	März ○
Käfer ○	Bären ○	Schränke ○	Gläser ○	Tränen ○

Was stimmt?

Bei verwandten Wörtern kann aus **a** ➡ **ä** werden.	○
Bei verwandten Wörtern kann aus **a** ➡ **e** werden.	○
Bei verwandten Wörtern kann aus **au** ➡ **äu** werden.	○

Fitness-Training

Schreiben im Tandem Nr. ___

Schreiben im Tandem Nr. ___

Drei Wörter von der Wortschatzkarte, die ich sicher schreiben kann.

Finde im Wörterheft verwandte Wörter.
Schreibe sie mit der Seitenzahl auf.

das Fahrrad		Seite
der Garten		Seite
der Kran		Seite
die Stadt		Seite
der Rucksack		Seite
der Vater		Seite

Zum Bild schreiben:
Das sehe ich – Das denke ich

Das sehe ich:

Ein Rechtschreibtipp:
Ich denke, dass …

Das denke ich:

Sind deine Sätze vollständig?
Lies deine Sätze einem Partnerkind vor.
Verbessere unvollständige Sätze.

Das möchte dir deine Lehrerin/dein Lehrer zu deinem Text sagen:

1. Überprüfe den Text mit diesem Werkzeug und verbessere Fehler:

2. Finde dieses Wort/diese Wörter und verbessere:

3. Überprüfe mit diesen Lupen und verbessere Fehler:

4. Schreibe diese Wörter auf deine Trainingskarte und übe sie:

Lernplaner 4

Auf Doppelkonsonanten achten

Konfetti

Seite 38 | Seite 39 | Seite 40 | Seite 41

Für Profis

fertig am: ____________________

Einfach oder doppelt?

So viele Karten habe ich bearbeitet:

1. Mal: | 2. Mal:

fertig am: ____________________

Klammerkarten: Der erste Vokal

Diese Klammerkarten habe ich bearbeitet:

1 | 2

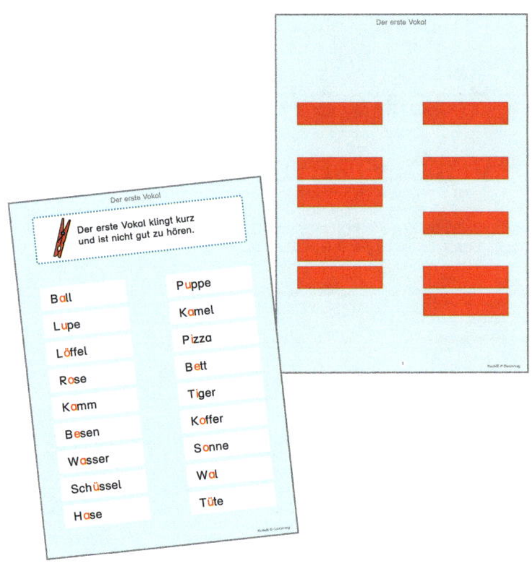

fertig am: ____________________

Fitness-Training 1:

Schreiben im Tandem

Nr.

Nr.

fertig am: ____________________

Fitness-Training 2:

Wortschatzkarte

Nr.

fertig am: ____________________

Fitness-Training 3:

Nachschlagen im Wörterheft

fertig am: ____________________

Zum Bild schreiben:

Das sehe ich – Das denke ich

fertig am: ____________________

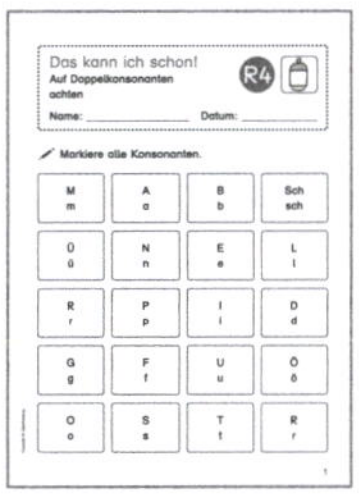

Ich kann auf Doppel-konsonanten achten.

So viele Sterne gebe ich mir:

☆ ☆ ☆ ☆ ☆

fertig am: ____________________

____________________ Schülerin/Schüler

____________________ Lehrerin/Lehrer

Ich kann Vokale und Konsonanten unterscheiden.

Male rote Rahmen um die Türme mit den Konsonanten.

Alle Buchstaben im blauen Turm heißen Vokale. Alle anderen Buchstaben heißen Konsonanten.

Kreise alle Konsonanten ein.

M m	D d	Au au	T t	N n	E e
Z z	Pf pf	B b	Sch sch	O o	Ä a
X x	A a	C c	Eu eu	K k	L l

Was stimmt?

Es gibt mehr Konsonanten als Vokale.	○
Es gibt weniger Konsonanten als Vokale.	○

 Türme mit Konsonanten kennzeichnen, Konsonanten einkreisen, richtige Behauptung ankreuzen

Ich kann Doppelkonsonanten erkennen.

Suppe

Hier kommt ein Konsonant doppelt vor.
Das ist ein **Doppelkonsonant**.

Markiere in jedem Wort den Doppelkonsonanten.

schnell	Sonne	Blatt	Pommes
Koffer	essen	rennen	Wasser
kommen	nett	Füller	treffen

Schreibe zwei Wörter zu jedem Doppelkonsonanten auf.

mm

ll

ss

tt

nn

ff

Ich kann Vokale und Konsonanten unterscheiden.

Der erste Vokal klingt **kurz**.
Er ist nicht gut zu hören.

Der erste Vokal klingt **lang**.
Er ist gut zu hören.

kurz	lang
fallen	malen
fressen	geben
schwimmen	holen

Was stimmt?

Klingt der Vokal lang, kommt danach ein Doppelkonsonant.	○
Klingt der Vokal kurz, kommt danach ein Doppelkonsonant.	○

In welchem Wort klingt der Vokal kurz und ist nicht gut zu hören?
Kreise den Vokal ein.

 o	 e	 a	 u
 o	 e	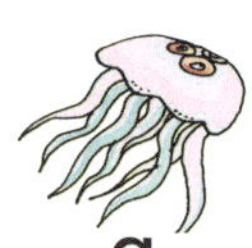 a	 u

Schlage deine eingekreisten Wörter nach. Schreibe sie ab.

Frage beantworten, Wörter mit kurzem Vokal markieren, markierte Wörter im Wörterheft nachschlagen und aufschreiben

In welchem Wort klingt der Vokal kurz und ist nicht gut zu hören?
Kreise den Vokal ein.

 o	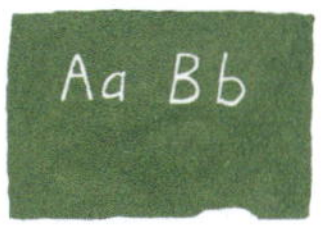 a	 ö	 e
 o	 a	 ö	 e

Schlage deine eingekreisten Wörter nach. Schreibe sie ab.

In welchem Wort klingt der Vokal kurz und ist nicht gut zu hören?
Kreise den Vokal ein.

 o	 i	 e	 i
 o	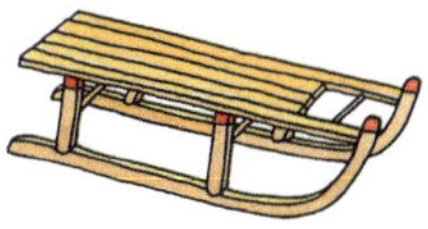 i	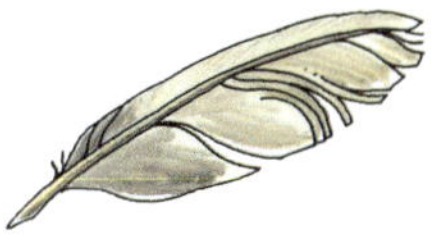 e	 i

Schlage deine eingekreisten Wörter nach. Schreibe sie ab.

Lies und ergänze die passenden Buchstaben.

m oder mm ?	Hat das Wort einen Doppelkonsonanten? Dann steht er oft auch bei Verwandten.	kommen mit mm, kommt auch mit mm
Heute ko ? t mein Freund zu mir.	kommen	Heute ko___t mein Freund zu mir.

Schreibe verwandte Wörter in die Lücken.

wollen

Ich __________ schwimmen gehen.
Meine Freundin ______________ lieber Fahrrad fahren.

müssen

Ich __________ nach Hause gehen.
Meine Katzen ______________ noch gefüttert werden.

sollen

Ich __________ mein Zimmer aufräumen.
Wozu ______________ das gut sein?

können

Als ich klein war, __________ ich noch nicht lesen.
Jetzt __________ ich lesen. Du __________ auch lesen.

Fitness-Training

Schreiben im Tandem Nr. __

Schreiben im Tandem Nr. __

Drei Wörter von der Wortschatzkarte, die ich sicher schreiben kann.

Schlage im Wörterheft nach und finde die passenden Buchstaben.
Schreibe die Seitenzahl auf.

der Pu___over	Seite ___
die Feuerwe___r	Seite ___
die Halteste___e	Seite ___
die Müllto___e	Seite ___
das We___er	Seite ___
das Welta___	Seite ___

das Mi___agessen	Seite ___
der Schme___erling	Seite ___
der Spazierga___g	Seite ___
der Luftba___on	Seite ___
der Te___y	Seite ___
das Quarte___	Seite ___

Zum Bild schreiben:

Das sehe ich – Das denke ich

Das sehe ich:

Ein Rechtschreibtipp:
Ich denke, dass ...

Das denke ich:

Sind deine Sätze vollständig?
Lies deine Sätze einem Partnerkind vor.
Verbessere unvollständige Sätze.

Das möchte dir deine Lehrerin/dein Lehrer zu deinem Text sagen:

1. Überprüfe den Text mit diesem Werkzeug und verbessere Fehler:

2. Finde dieses Wort/diese Wörter und verbessere:

3. Überprüfe mit diesen Lupen und verbessere Fehler:

4. Schreibe diese Wörter auf deine Trainingskarte und übe sie:

Lernplaner 5

Nomen erkennen und großschreiben

Konfetti

Seite 48	Seite 49	Seite 50	Seite 51	Für Profis

fertig am: ____________________

Wie heißt das Nomen?

So viele Karten habe ich bearbeitet:

1. Mal:	2. Mal:

fertig am: ____________________

Klammerkarten: Nomenproben

Diese Klammerkarten habe ich bearbeitet:

1	2

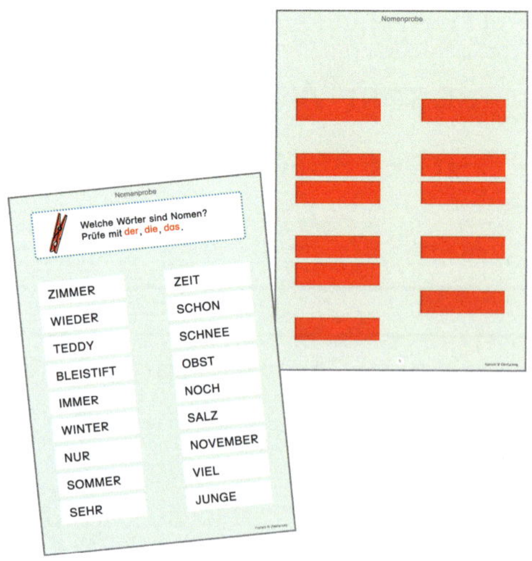

fertig am: ____________________

Fitness-Training 1:

Schreiben im Tandem

 Nr.  Nr.

fertig am: ____________________

Fitness-Training 2:

Wortschatzkarte

Nr.

fertig am: ____________________

Fitness-Training 3:

Nachschlagen im Wörterheft

fertig am: ____________________

Zum Bild schreiben:

Das sehe ich – Das denke ich

fertig am: ____________________

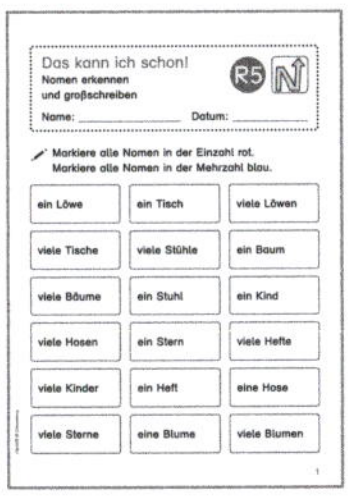

Ich kann Nomen erkennen und großschreiben. N

So viele Sterne gebe ich mir:

☆ ☆ ☆ ☆ ☆

fertig am: ____________________

____________________ ____________________

Schülerin/Schüler Lehrerin/Lehrer

N Ich kann Nomen erkennen.

Lies und ergänze die passenden Buchstaben.

G oder g ?	Ist es ein **Nomen**? Dann wird es am Anfang großgeschrieben.	Das ist der Name für ein Tier.
___iraffe	Wörter für Menschen, Tiere, Pflanzen, Dinge sind **Nomen**.	___iraffe

Finde alle Wörter für **Menschen**.

die Lehrerin ○ der Anspitzer ○ die Mutter ○ das Haus ○

Finde alle Wörter für **Tiere**.

der Fisch ○ die Giraffe ○ das Bild ○ das Auge ○

Finde alle Wörter für **Pflanzen**.

der Baum ○ das Lineal ○ die Rose ○ die Sonnenblume ○

Finde alle Wörter für **Dinge**.

der Tisch ○ der Teddy ○ das Zebra ○ die Ärztin ○

Finde alle Nomen. Markiere sie.

DER AFFE SITZT AUF DER PALME.
MEINE FREUNDIN HAT EIN NEUES RAD.
DER TEDDY BRAUCHT EINE NEUE HOSE.

N

Ich kann bei Nomen Einzahl und Mehrzahl bilden.

Die meisten Nomen haben eine **Einzahl** und eine **Mehrzahl**.
Ordne die Wörter nach Einzahl und Mehrzahl und schreibe sie auf.

ein Auto	ein Löwe	viele Bücher	viele Autos
viele Löwen	viele Knöpfe	ein Buch	ein Knopf

Einzahl
Es gibt nur eins.

Mehrzahl
Es gibt viele.

Prüfe mit der Mehrzahl. Markiere die Nomen. Schreibe die Mehrzahl auf.

FREUND
FISCH
FÜR
FRAGT
FOTO

Ich kann Nomen mit einem Artikel verbinden.

Fast alle Nomen haben einen **Artikel**: **der** **die** **das**

Schreibe zu den Wörtern einen Artikel.

Im Wörterheft stehen die Nomen mit Artikel. Prüfe nach.
Schreibe die Seitenzahl auf.

die Sonne	Seite:
______ Erde	Seite:
______ Schule	Seite:
______ Stern	Seite:
______ Eis	Seite:
______ Mond	Seite:

______ Euro	Seite:
______ Planet	Seite:
______ Reise	Seite:
______ Auge	Seite:
______ Kind	Seite:
______ Jahr	Seite:

Prüfe mit dem Artikel. Markiere die Nomen.

Schreibe die Nomen mit Artikel auf.

WINTER
WANN
ZEIT
SINGE
SCHNEE
GERN
REGEN

zu den Nomen Artikel aufschreiben, im Wörterheft überprüfen, Nomen mit dem Artikel erschließen

Ich kann Nomen mit einem Artikel verbinden.

der die das kannst du tauschen gegen ein eine ein.

der	Löwe	die	Giraffe	das	Kamel
ein	Löwe	eine	Giraffe	ein	Kamel

Tausche bei jedem Nomen den Artikel.

die Sonne: eine Sonne	der Planet: ______
der Mond: ______	die Woche: ______
das Jahr: ______	der Tag: ______
die Reise: ______	das Buch: ______

Welche Wörter sind Nomen? Prüfe mit dem Artikel ein eine ein.

Markiere die Nomen. Schreibe die Nomen mit Artikel auf.

HEMD
ALS
SCHREIBE
HOSE
JACKE
OFT

⊗ Beweise, dass die Wörter Nomen sind.
Kreuze an, welchen Beweis du nimmst.

Elefanten

Ich beweise es: mit dem Artikel ○ mit der Mehrzahl ⊗

viele Elefanten

Aufgabe

Ich beweise es: mit dem Artikel ○ mit der Mehrzahl ○

____

Zahl

Ich beweise es: mit dem Artikel ○ mit der Mehrzahl ○

____

Straße

Ich beweise es: mit dem Artikel ○ mit der Mehrzahl ○

____

✎ Finde die Nomen. Markiere sie.

DER HUND LIEGT AUF DER DECKE.
DER JUNGE WILL IHN FÜTTERN.
ER HOLT VIELE HUNDEKUCHEN.
DER HUND LECKT DIE HAND AB.
ES KITZELT.

⊗ Wie viele Nomen hast du gefunden? 1 2 3 4 5 6 7 8

Fitness-Training

Schreiben im Tandem Nr. __

Schreiben im Tandem Nr. __

Drei Wörter von der Wortschatzkarte, die ich sicher schreiben kann.

Finde im Wörterheft zu den Buchstaben das erste Wort.
Schreibe die Seitenzahl auf.

F		Seite
L		Seite
P		Seite
G		Seite
N		Seite
Z		Seite

Zum Bild schreiben:

Das sehe ich – Das denke ich

Das sehe ich:

Ein Rechtschreibtipp:
Ich denke, dass …

Das denke ich:

Sind deine Sätze vollständig?
Lies deine Sätze einem Partnerkind vor.
Verbessere unvollständige Sätze.

Das möchte dir deine Lehrerin/dein Lehrer zu deinem Text sagen:

1. Überprüfe den Text mit diesem Werkzeug und verbessere Fehler:

2. Finde dieses Wort/diese Wörter und verbessere:

3. Überprüfe mit diesen Lupen und verbessere Fehler:

4. Schreibe diese Wörter auf deine Trainingskarte und übe sie:

Lernplaner 6

Verben erkennen und beim Schreiben nutzen

Konfetti

Seite 58	Seite 59	Seite 60	Seite 61

Für Profis

fertig am: ______________

Kannst du Verb und Grundform nennen?

So viele Karten habe ich bearbeitet:

1. Mal:	2. Mal:

fertig am: ______________

Klammerkarten: Verben in der Grundform

Diese Klammerkarten habe ich bearbeitet:

1	2

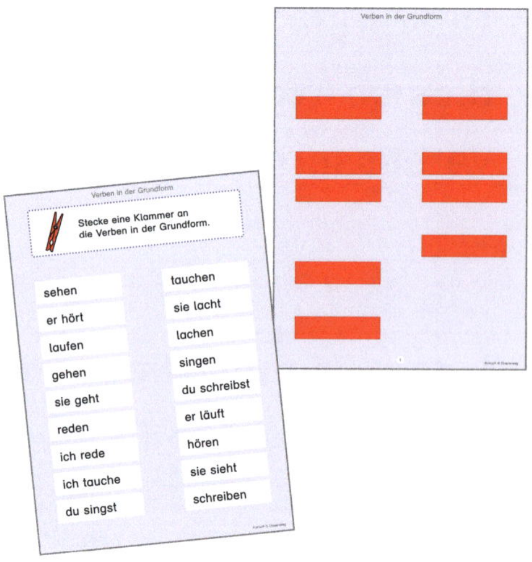

fertig am: ______________

Fitness-Training 1:

Nr.

Nr.

Schreiben im Tandem

fertig am: ____________________

Fitness-Training 2:

Nr.

Wortschatzkarte

fertig am: ____________________

Fitness-Training 3:

Nachschlagen im Wörterheft

fertig am: ____________________

Zum Bild schreiben:

Das sehe ich – Das denke ich

fertig am: ____________________

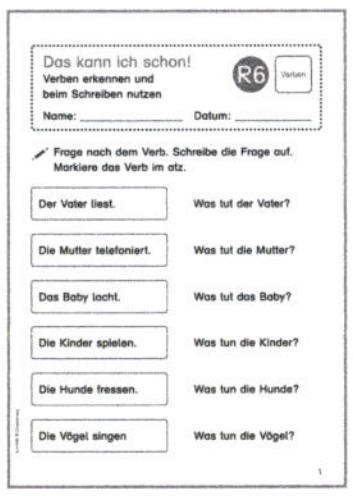

Das kann ich schon!
Verben erkennen und beim Schreiben nutzen
R6 Verben
Name: ________ Datum: ________

Frage nach dem Verb. Schreibe die Frage auf. Markiere das Verb im atz.

Der Vater liest.	Was tut der Vater?
Die Mutter telefoniert.	Was tut die Mutter?
Das Baby lacht.	Was tut das Baby?
Die Kinder spielen.	Was tun die Kinder?
Die Hunde fressen.	Was tun die Hunde?
Die Vögel singen	Was tun die Vögel?

1

Ich kann Verben erkennen und beim Schreiben nutzen. Verb

So viele Sterne gebe ich mir:

☆ ☆ ☆ ☆ ☆

fertig am: ____________________

____________________ ____________________

Schülerin/Schüler Lehrerin/Lehrer

Verb

Ich kann Verben erkennen und beim Schreiben nutzen.

Lies und markiere das Verb.

Welches Wort ist ein Verb?	Was tut …? Was tun …? Stellst du die Fragen, kann dir das Verb die Antwort sagen.	Die Antwort auf die Frage ist: bellt.
Der Hund bellt.	Was tut der Hund?	Der Hund bellt.

Markiere in jeder Antwort das Verb.

Was tut der Hase?	Was tut der Löwe?	Was tut die Katze?
Der Hase rennt.	Der Löwe brüllt.	Die Katze schläft.
Was tun die Affen?	**Was tun die Mäuse?**	**Was tun die Hunde?**
Die Affen spielen.	Die Mäuse fressen.	Die Hunde bellen.

Frage nach dem Verb. Markiere das Verb.

Die Ente taucht.

Was

Die Eule jagt.

Die Fische schwimmen.

Verb

Ich kann zu Verben die Grundform finden.

Jedes Verb hat eine Grundform.
Du findest die Grundform im Wörterheft.

Der Ball **springt**.	**springen** Seite: 18

Schlage die Verben im Wörterbuch nach. Schreibe die Grundform auf.

Er **schwimmt**.	Seite:
Es **riecht** gut.	Seite:
Das Auto **fährt**.	Seite:

Markiere das Verb im Satz. Schreibe die Grundform auf.

rennen • ~~laufen~~ • trinken • schreiben • lesen • lachen

Ich **laufe** gern.	Grundform: **laufen**
Der Hund trinkt.	Grundform:
Du rennst schnell.	Grundform:
Er lacht viel.	Grundform:
Sie schreibt mir.	Grundform:
Sie liest ein Buch.	Grundform:

Verb

Ich kann die Grundform beim Schreiben nutzen.

Lies und ergänze den passenden Buchstaben.

g oder k ? Er flie ? t	Bei Verben ist die Grundform wichtig. Damit schreibst du vieles richtig. Grundform: fliegen	fliegen mit g: fliegt mit g Er flie___t

Setze passende Buchstaben ein.

er brin ? t	Grundform: bringen	er brin___t
du den ? st	Grundform: denken	du den___st
sie trä ? t	Grundform: tragen	sie trä___t

Setze passende Buchstaben ein.

sie zei ? t	Grundform: zei___en	sie zei___t
er trin ? t	Grundform: trin___en	er trin___t
sie len ? t	Grundform: len___en	sie len___t
sie schen ? t	Grundform: schen___en	sie schen___t
er fra ? t	Grundform: fra___en	er fra___t
du sa ? st	Grundform: sa___en	du sa___st

Mein Hund brin___t einen Knochen. Er schen___t ihn mir.

Verb

Ich kann die Grundform beim Schreiben nutzen.

Lies und ergänze den passenden Buchstaben.

b oder p ? Er to ? t	Bei Verben ist die Grundform wichtig. Damit schreibst du vieles richtig. Grundform: toben	toben mit b: tobt mit b Er to___t

Setze passende Buchstaben ein.

er lo ? t	Grundform: loben	er lo___t
sie rei ? t	Grundform: reiben	sie rei___t
sie glau ? t	Grundform: glauben	sie glau___t
er hu ? t	Grundform: hupen	er hu___t

Setze passende Buchstaben ein.

er schrei ? t	Grundform: schrei___en	er schrei___t
du gi ? st	Grundform: ge___en	du gi___st
er le ? t	Grundform: le___en	er le___t
sie blei ? t	Grundform: blei___en	sie blei___t
du ü ? st	Grundform: ü___en	du ü___st

Mein Hund to___t herum. Die Katze blei___t lieber im Korb.

Lies und markiere das Verb.

Welches Wort ist ein **Verb**?	**Was passiert?** Manchmal kannst du diese Frage nach dem Verb stellen.	Die Antwort auf die Frage ist: **schneit**.
Es schneit heute.	**Was passiert** heute?	Es schneit heute.

Markiere das Verb.

Was passiert?	**Was passiert?**	**Was passiert?**
Es regnet viel.	Es klingelt laut.	Es dauert lange.

Was passiert?	**Was passiert?**
Es knistert leise im Regal.	Es riecht nach Schokolade.

Markiere die Verben in den Sätzen.

Delfine atmen mit Lungen.
Die Fliege schmeckt mit ihren Füßen.
Der Igel baut sein Nest aus Laub, Moos und Gras.
Kaninchen fressen Heu, Kräuter und Wurzeln.
Elefanten baden gern im Schlamm.

Fitness-Training

Schreiben im Tandem Nr. ___

Schreiben im Tandem Nr. ___

Drei Wörter von der Wortschatzkarte, die ich sicher schreiben kann.

Finde im Wörterheft auf diesen Seiten zwei Verben.
Schreibe sie auf.

Seite 4		
Seite 7		
Seite 20		
Seite 18		
Seite 11		
Seite 3		

Zum Bild schreiben:

Das sehe ich – Das denke ich

Das sehe ich:

Ein Rechtschreibtipp:
Ich denke, dass ...

Das denke ich:

Sind deine Sätze vollständig?
Lies deine Sätze einem Partnerkind vor.
Verbessere unvollständige Sätze.

Das möchte dir deine Lehrerin/dein Lehrer zu deinem Text sagen:

1. Überprüfe den Text mit diesem Werkzeug und verbessere Fehler:

2. Finde dieses Wort/diese Wörter und verbessere:

3. Überprüfe mit diesen Lupen und verbessere Fehler:

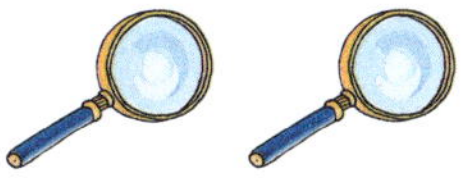

4. Schreibe diese Wörter auf deine Trainingskarte und übe sie:

Lernplaner 7

Adjektive erkennen und verändern

Konfetti

Seite 68	Seite 69	Seite 70	Seite 71	Für Profis

fertig am: ____________________

Kannst du das Gegenteil sagen?

So viele Karten habe ich bearbeitet:

1. Mal:	2. Mal:

fertig am: ____________________

Klammerkarten: Wortart bestimmen

Diese Klammerkarten habe ich bearbeitet:

1	2

fertig am: ____________________

Fitness-Training 1:

Schreiben im Tandem

Nr.

Nr.

fertig am: ____________________

Fitness-Training 2:

Wortschatzkarte

Nr.

fertig am: ____________________

Fitness-Training 3:

Nachschlagen im Wörterheft

fertig am: ____________________

Zum Bild schreiben:

Das sehe ich – Das denke ich

fertig am: ____________________

Das kann ich schon!
Adjektive erkennen und verändern
R7 Adjektive
Name: ______ Datum: ______

Finde die Antwort auf die Fragen.
Markiere die Adjektive.

Die Tomatensoße ist kalt.	Wie ist die Tomatensoße?
Das Ei ist hart.	Wie ist das Ei?
Das Brötchen ist alt.	Wie ist das Brötchen?
Das Eis ist warm.	Wie ist das Eis?
Der Salat ist langweilig.	Wie ist der Salat?
Der Pudding ist salzig.	Wie ist der Pudding?
Die Pommes sind gut.	Wie sind die Pommes?

1

Ich kann Adjektive erkennen und verändern.

Adjektiv

So viele Sterne gebe ich mir:

☆ ☆ ☆ ☆ ☆

fertig am: ____________________

____________________ ____________________

Schülerin/Schüler Lehrerin/Lehrer

Adjektiv

Ich kann nach dem Adjektiv fragen.

Lies und markiere das Adjektiv.

Welches Wort ist ein **Adjektiv**?	**Wie ist...? Wie sind ...?** Stellst du die Fragen, kann das **Adjektiv** die Antwort sagen.	Die Antwort auf die Frage ist: **klein**.
Die Maus ist klein.	**Wie ist** die Maus?	Die Maus ist klein.

Markiere das Adjektiv.

Wie ist der Pudding?

Der Pudding ist süß.

Wie ist der Apfel?

Der Apfel ist sauer.

Wie sind die Elefanten?

Die Elefanten sind groß.

Wie sind die Ameisen?

Die Ameisen sind klein.

Frage nach dem Adjektiv. Markiere das Adjektiv.

Schreibe deine Frage auf.

Das Eis ist kalt.

Wie

Die Suppe ist heiß.

Das Brot ist hart.

Fragen nach dem Adjektiv beantworten, Fragen nach dem Adjektiv aufschreiben, Adjektive markieren

Adjektiv

Ich kann nach dem Adjektiv fragen.

Lies die Fragen. Markiere in den Sätzen die Adjektive.

Wie ist das Schiff?
Ein altes Schiff schaukelt auf dem Wasser.

Wie ist der Pirat?
Der mutige Piratenkapitän sieht durch das Fernrohr.

Wie ist der Affe?
Ein frecher Affe sitzt auf der Schulter.

Frage nach dem Adjektiv. Markiere das Adjektiv.

Schreibe deine Frage auf.

Ein riesiger Berg taucht aus dem Wasser auf.

Der kleine Matrose schreit nach seiner Schwester.

Seine kluge Schwester lacht nur.

Das ist die schwarze Insel der Piraten.

Adjektiv

Ich kann Adjektive verlängern.

Lies und ergänze den passenden Buchstaben.

g oder k ?	Verlängere ⟿ das Wort und du hörst es sofort.	kluge mit g klug auch mit g.
Der Hund ist klu ? .	Der **kluge** Hund.	Der Hund ist klu___.

Ergänze die passenden Buchstaben.

g oder k ?

klu ?	⟿ der klu___e Hund	klu___
jun ?	⟿ das jun___e Kätzchen	jun___
sandi ?	⟿ der sandi___e Weg	sandi___
kran ?	⟿ das kran___e Kind	kran___
lan ?	⟿ der lan___e Text	lan___
richti ?	⟿ die richti___e Antwort	richti___
star ?	⟿ das star___e Mädchen	star___
kräfti ?	⟿ der kräfti___e Wind	kräfti___
blan ?	⟿ der blan___e Teller	blan___
eng ?	⟿ die en___e Straße	en___
flüssi ?	⟿ der flüssi___e Honig	flüssi___

Adjektiv	Ich kann Adjektive verlängern.

Ergänze die passenden Buchstaben.

d oder t ?

bun ?	⟿ das bun___e Bild	bun___
wil ?	⟿ der wil___e Löwe	wil___
frem ?	⟿ das frem___e Land	frem___
kal ?	⟿ das kal___e Wetter	kal___
lau ?	⟿ die lau___e Musik	lau___
run ?	⟿ der run___e Tisch	run___
gu ?	⟿ die gu___e Nachricht	gu___
gesun ?	⟿ das gesun___e Baby	gesun___
wei ?	⟿ der wei___e Weg	wei___

Ergänze die passenden Buchstaben.

b oder p ?

gel ?	⟿ der gel___e Bus	gel___
lie ?	⟿ die lie___e Fee	lie___
hal ?	⟿ die hal___e Torte	hal___

Welches Tier ist es? Schreibe den Namen auf.
Markiere dann die Adjektive im Text.

die Giraffe

der Hase

das Krokodil

der Eisbär

Das Tier rennt schnell. Es hat lange Ohren. Der Schwanz ist klein und weich.	Name des Tieres:

Das Tier ist gefährlich. Es hat scharfe Zähne. Die Haut ist ein dicker Panzer.	Name des Tieres:

Das Tier ist groß. Es hat einen langen Hals. Die Flecken auf dem Fell sind braun.	Name des Tieres:

Das Tier ist groß und schwer. Es hat ein weißes Fell. Die Nase ist schwarz.	Name des Tieres:

Wie viele Adjektive hast du auf dieser Seite gefunden?

1	2	3	4	5	6	7	8	9	10	11	12	13	14	15	16	17	18	19	20

Fitness-Training

Schreiben im Tandem Nr. __

Schreiben im Tandem Nr. __

Drei Wörter von der Wortschatzkiste, die ich sicher schreiben kann.

Wie heißt das Gegenteil? Suche das Wort im Wörterheft.
Schreibe es mit der Seitenzahl auf.

heiß		Seite
schwach		Seite
falsch		Seite
böse		Seite
feige		Seite
groß		Seite

Zum Bild schreiben:
Das sehe ich – Das denke ich

Das sehe ich:

Ein Rechtschreibtipp:
Ich denke, dass ...

Das denke ich:

Sind deine Sätze vollständig?
Lies deine Sätze einem Partnerkind vor.
Verbessere unvollständige Sätze.

Das möchte dir deine Lehrerin/dein Lehrer zu deinem Text sagen:

1. Überprüfe den Text mit diesem Werkzeug und verbessere Fehler:

2. Finde dieses Wort/diese Wörter und verbessere:

3. Überprüfe mit diesen Lupen und verbessere Fehler:

4. Schreibe diese Wörter auf deine Trainingskarte und übe sie:

Lernplaner 8

Aus zwei Nomen ein neues Nomen zusammensetzen

Konfetti

Seite 78	Seite 79	Seite 80	Seite 81

Für Profis

fertig am: ____________________

Kannst du es kürzer sagen?

So viele Karten habe ich bearbeitet:

1. Mal:	2. Mal:

fertig am: ____________________

Klammerkarten: Bestimme den Artikel.

Diese Klammerkarten habe ich bearbeitet:

1	2

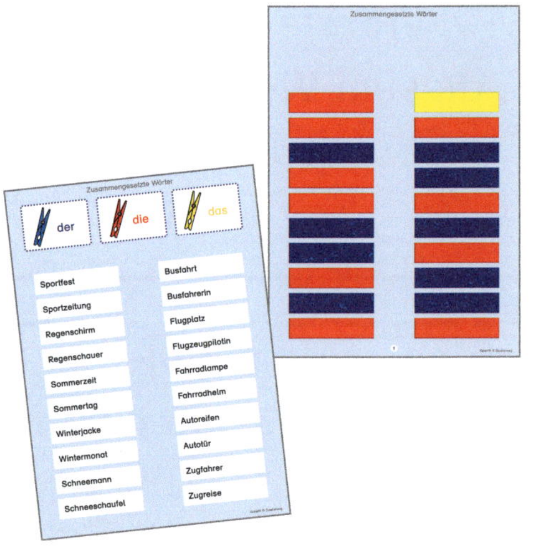

fertig am: ____________________

Fitness-Training 1:

Schreiben im Tandem

Nr.

Nr.

fertig am: ____________________

Fitness-Training 2:

Wortschatzkarte

Nr.

fertig am: ____________________

Fitness-Training 3:

Nachschlagen im Wörterheft

fertig am: ____________________

Zum Bild schreiben:

Das sehe ich – Das denke ich

fertig am: ____________________

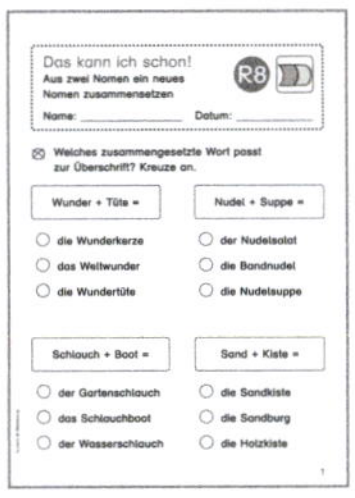

Das kann ich schon!
Aus zwei Nomen ein neues Nomen zusammensetzen
R8

Name: __________ Datum: __________

Welches zusammengesetzte Wort passt zur Überschrift? Kreuze an.

Wunder + Tüte =	Nudel + Suppe =
○ die Wunderkerze	○ der Nudelsalat
○ das Weltwunder	○ die Bandnudel
○ die Wundertüte	○ die Nudelsuppe

Schlauch + Boot =	Sand + Kiste =
○ der Gartenschlauch	○ die Sandkiste
○ das Schlauchboot	○ die Sandburg
○ der Wasserschlauch	○ die Holzkiste

Ich kann aus zwei Nomen ein neues Nomen zusammensetzen.

So viele Sterne gebe ich mir:

☆ ☆ ☆ ☆ ☆

fertig am: ____________________

____________________ ____________________

Schülerin/Schüler Lehrerin/Lehrer

Ich kann aus zwei Nomen ein neues Nomen zusammensetzen.

Verbinde Wort und Bild.

Eis	+	Bär	=	Eisbär
Vogel	+	Nest	=	Vogelnest
Schinken	+	Pizza	=	Schinkenpizza

Was stimmt?

○ Aus zwei Nomen kann ich ein neues Wort zusammensetzen.
○ Aus zwei Nomen kann ich ein kein neues Wort machen.

Finde das passende zusammengesetzte Wort.

Apfel + Kuchen

○ der Birnenkuchen
○ der Apfelkuchen
○ das Kuchenstück

Feld + Maus

○ die Feldmaus
○ die Waldmaus
○ die Mausefalle

Hand + Schuh

○ die Schuhbürste
○ der Handball
○ der Handschuh

Quark + Brot

○ das Käsebrot
○ das Quarkbrot
○ die Brotdose

Tür + Schlüssel

○ das Schlüsselloch
○ die Haustür
○ der Türschlüssel

Fuß + Ball

○ das Ballspiel
○ der Fußball
○ der Igelball

zusammengesetztes Wort und Bild verbinden, das passende zusammengesetzte Wort ankreuzen

Ich kann bei zusammengesetzten Nomen auf die Schreibweise achten.

Lies und ergänze den passenden Buchstaben.

Märchen + Buch	Der erste Buchstabe groß – das muss sein! Alle anderen schreibst du klein.	Märchen + Buch
Märchen ? uch	ein Märchenbuch	Märchen__uch

Markiere den Buchstaben, der groß bleibt.

Haus + Tür = Haustür

Baum + Haus = Baumhaus

Segel + Boot = Segelboot

Vogel + Käfig = Vogelkäfig

Setze den fehlenden Buchstaben ein.

Käse + Brot = __äsebrot

Salami + Pizza = __alamipizza

Bett + Decke = Bett__ecke

Fisch + Teich = Fisch__eich

Bilde aus den Wörtern zusammengesetzte Nomen:

Nudel Eimer Suppe Sommer Burg Ferien Ritter Wasser

Ich kann bei zusammengesetzten Nomen den Artikel bestimmen.

Lies und ergänze den passenden Artikel.

der ? die ? das ?	der? die? das? Was geht? Das letzte Wort sagt, was da steht.	der ? die ? das ?
das Eis +	das Eis +	das Eis +
der Bär =	**der** Bär =	der Bär =
? Eisbär	**der** Eisbär	_______ Eisbär

Setze den passenden Artikel ein.

das Auto + der Reifen = _______ Autoreifen

das Auto + die Tür = _______ Autotür

der Sommer + die Ferien + das Haus = _______ Sommerferienhaus

Setze die Wörter zusammen. Schreibe sie mit Artikel auf.

das Auto + der Schlüssel

der Regen + der Wurm

der Quark + die Soße

der Winter + die Ferien

Anleitung lesen und Artikel einsetzen, zusammengesetzte Wörter bilden und mit Artikel aufschreiben

Ich kann bei zusammengesetzten Nomen den Artikel bestimmen.

Setze die Wörter zusammen. Dann weißt du den Namen der Tiere. Schreibe die Namen mit Artikel auf.

die Kartoffel + der Käfer

der Schleier + die Eule

der See + der Adler

das Feld + der Hase

der Fluss + das Pferd

der Stock + die Ente

1

2

3

4

5

6

Setze Nomen aus drei Wörtern zusammen.
Denke an die Artikelregel.

der Fuß der Ball das Tor

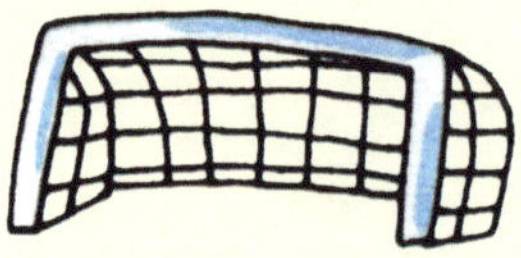

der Tisch das Tennis der Schläger

der Schnee der Ball die Schlacht

das Haus die Tür der Schlüssel

Wie viele Nomen stecken in dem Wort?

Frauenfußballweltmeister

◯ 5 ◯ 6 ◯ 7 ◯ 8

Schreibe die Wörter einzeln auf.

zusammengesetzte Wörter aus drei Wörtern bilden und mit Artikel aufschreiben, zusammengesetztes Wort in einzelne Wörter zerlegen

Fitness-Training

Schreiben im Tandem Nr. ___

Schreiben im Tandem Nr. ___

Drei Wörter von der Wortschatzkarte, die ich sicher schreiben kann.

Diese Wörter stehen nicht im Wörterbuch. Bei welchen Wörtern kannst du nachsehen? Schreibe sie mit der Seitenzahl auf.

die Feuerleiter

Feuer ______ Seite: ____ + Leiter ______ Seite: ____

der Sandkuchen

______ Seite: ____ + ______ Seite: ____

die Bettdecke

______ Seite: ____ + ______ Seite: ____

Zum Bild schreiben:

Das sehe ich – Das denke ich

Das sehe ich:

Ein Rechtschreibtipp:
Ich denke, dass ...

Das denke ich:

Sind deine Sätze vollständig?
Lies deine Sätze einem Partnerkind vor.
Verbessere unvollständige Sätze.

Das möchte dir deine Lehrerin/dein Lehrer zu deinem Text sagen:

1. Überprüfe den Text mit diesem Werkzeug und verbessere Fehler:

2. Finde dieses Wort/diese Wörter und verbessere:

3. Überprüfe mit diesen Lupen und verbessere Fehler:

4. Schreibe diese Wörter auf deine Trainingskarte und übe sie:

Auf einen Blick

Bei Mundwörtern kann dich gar nichts stören:
Die Buchstaben sind gut zu hören.

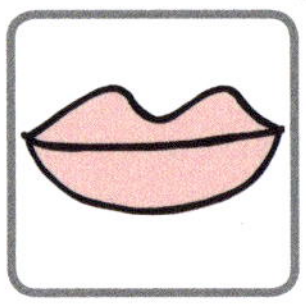

Mundwörter
→ Alle Buchstaben im Wort sind gut zu hören.

Der springende Punkt zeigt Stellen an,
die man nicht gut hören kann.

Der springende Punkt
→ zeigt besondere Stellen im Wort, die nicht gut zu hören sind.

In jeder Silbe steht ein Vokal.
Das ist bei Silben ganz normal.

Vokale

a e i o u ä ö ü au eu ei äu

→ Alle anderen Buchstaben sind Konsonanten.
→ Nach kurzem Vokal folgt oft ein Doppelkonsonant.

Verlängere das Wort
und du hörst es sofort.

Wörter verlängern
→ schwer zu hören am Ende des Wortes: b d g
→ Wörter verlängern

Die Wortfamilie hilft beim Schreiben,
weil die Wörter ähnlich bleiben.

Verwandte Wörter
→ Aus a wird manchmal **ä.**
→ Aus au wird manchmal **äu.**

Am Anfang groß – am Schluss ein Punkt.
Das macht alle Sätze rund.

Sätze

→ Satzanfang: immer ein großer Buchstabe
→ Satzende: Punkt oder Fragezeichen

Einzahl – Mehrzahl – der die das
Das macht bei allen Nomen Spaß.

Nomen

→ Wörter für Menschen, Tiere, Pflanzen, Dinge.
→ Am Anfang steht immer ein großer Buchstabe.

Nomenproben

→ Artikel : der die das oder ein eine ein
→ Einzahl und Mehrzahl

Verb

Was tut ...? – Was tun ...? stellst du die Fragen,
kann dir das Verb die Antwort sagen.

Verben

→ sagen, was jemand tut
→ Im Wörterheft stehen die Verben in der Grundform.

Adjektiv

Frage nach: Wie ist ...? Wie sind...?
Das Adjektiv sagt es jedem Kind.

Adjektive

→ beschreiben, wie etwas ist.

Finde schnell den Artikel vom letzten Wort.
Er passt zum zusammengesetzten Nomen sofort.

Zusammengesetzte Nomen

→ Aus zwei Nomen kann ein neues Nomen entstehen.
→ Der erste Buchstabe wird großgeschrieben.
→ Das letzte Nomen legt den Artikel fest.

PLAKETTEN-RÜCKSEITEN

PORTFOLIO – PLAKETTEN

- Ich kann Wörter im Wörterheft nachschlagen.
- Ich kann Anfang und Ende eines Satzes sichtbar machen.
- Ich kann verlängerte Wörter als Schreibhilfe nutzen.
- Ich kann verwandte Wörter als Schreibhilfe nutzen.
- Ich kann auf Doppelkonsonanten achten.
- Ich kann Nomen erkennen und großschreiben.
- Ich kann Verben erkennen und beim Schreiben nutzen. Verb
- Ich kann Adjektive erkennen und verändern. Adjektiv
- Ich kann aus zwei Nomen ein neues Nomen zusammensetzen.

Ideen zum Üben neuer Wörter

1 Ich ordne die Wörter nach dem ABC und schreibe sie auf.

2 Ich schreibe die Wörter auf, bei denen ich alle Buchstaben hören kann.

3 Ich suche die Wörter im Wörterheft und schreibe die Seitenzahl dazu.

4 Ich schreibe die Wörter ab und trage die springenden Punkte ein.

5 Ich schreibe die Wörter ab, trage die Silbenbögen ein und markiere die Vokale.

6 Ich lasse mir die Wörter diktieren.

7 Ich suche verwandte Wörter und schreibe sie auf.

8 Ich ordne die Wörter nach Nomen, Verben und Adjektiven.

9 Ich suche alle Nomen heraus und schreibe sie mit dem Artikel auf.

10 Ich schreibe zu den Nomen Einzahl und Mehrzahl auf.

11 Ich schreibe die Verben in der Grundform auf.

12 Ich suche alle zusammengesetzten Wörter heraus.

Konfetti

Wörterheft

Name: ______________________________

A a

der Abend
die Aben|de
aber
acht
der Af|fe
die Af|fen
al|le, al|les
alt
die Amei|se
die Amei|sen
die Am|pel
die Am|peln
an|fan|gen
die Ana|nas
die Ana|nas
der An|spit|zer
die An|spit|zer
ant|wor|ten
der Ap|fel
die Äp|fel
der Ap|ril
das Aqua|ri|um
ar|bei|ten
der Arm
die Ar|me
die Ärz|tin
die Ärz|tin|nen
der Ast
die Äs|te
der As|tro|naut
die As|tro|nau|ten
die Auf|ga|be
die Auf|ga|ben
das Au|ge
die Au|gen
der Au|gust
das Au|to
die Au|tos
die Axt
die Äx|te

B b

das Ba|by
die Ba|bys
ba|den
der Ball
die Bäl|le

die **Bank**
die Bän|ke
der **Bär**
die Bä|ren
der **Bart**
die Bär|te
der **Bauch**
die Bäu|che
bas|teln
bau|en
der **Baum**
die Bäu|me
bei|de
das **Bein**
die Bei|ne
be|kom|men
der **Berg**
die Ber|ge
der **Be|sen**
die Be|sen
das **Bett**
die Bet|ten
die **Beu|le**
die Beu|len
be|we|gen
be|zah|len

die **Bie|ne**
die Bie|nen
das **Bild**
die Bil|der
die **Bir|ne**
die Bir|nen
bit|ten
das **Blatt**
die Blät|ter
blau
blei|ben
der **Blei|stift**
die Blei|stif|te
die **Blu|me**
die Blu|men
blü|hen
die **Blü|te**
die Blü|ten
der **Bo|den**
die Bö|den
bö|se
das **Boot**
die Boo|te
braun
der **Brief**
die Brie|fe

die Bril|le
die Bril|len
bring|gen
das Brot
die Bro|te
das Bröt|chen
die Bröt|chen
der Bru|der
die Brü|der
die Brü|cke
die Brü|cken
das Buch
die Bü|cher
der Buch|sta|be
die Buch|stab|en
bunt
die Burg
die Bur|gen
der Bus
die Bus|se
der Busch
die Bü|sche
die But|ter

C c

chi|ne|sisch
der Cent
das Cha|mä|le|on
der Clown
die Clowns
die Co|la
der Co|mic
die Co|mics
der Com|pu|ter
die Com|put|er
die Creme
die Cremes

D d

das Dach
die Dä|cher
dan|ken
der Dau|men
die Dau|men

die De|cke
die De|cken
der Del|fin
die Del|fi|ne
den|ken
der De|zem|ber
der Di|no
die Di|nos
der Diens|tag
die|se
die|ser
der Di|no|sau|ri|er
die Di|no|sau|ri|er
doch
der Don|ners|tag
die Do|se
die Do|sen
der Dra|chen
die Dra|chen
drei
dun|kel

E e

das Ei
die Ei|er
das Eich|hörn|chen
die Eich|hörn|chen
der Ei|mer
die Ei|mer
eins
das Eis
der Eis|bär
die Eis|bä|ren
der E|le|fant
die E|le|fan|ten
die El|tern
das En|de
eng
die En|te
die En|ten
die Erd|bee|re
die Erd|bee|ren
die Er|de
er|zäh|len
es|sen

der **Esel**
die Esel
die **Eu|le**
die Eu|len
der **Eu|ro**
die Eu|ros

F f

das **Fahr|rad**
die Fahr|rä|der
fah|ren
fal|len
die **Fa|mi|lie**
die Fa|mi|li|en
fan|gen
die **Faust**
die Fäus|te
der **Fe|bru|ar**
die **Fe|der**
die Fe|dern
feh|len
fein
das **Feld**
die Fel|der

das **Fens|ter**
die Fens|ter
die **Fe|ri|en**
fern|se|hen
der **Fern|se|her**
das **Feu|er**
die Feu|er
die **Feu|er|wehr**
die Feu|er|weh|ren
fin|den
der **Fin|ger**
die Fin|ger
der **Fisch**
die Fi|sche
die **Fla|sche**
die Fla|schen
flie|gen
die **Flö|te**
die Flö|ten
das **Floß**
die Flö|ße
der **Flü|gel**
die Flü|gel
flüs|sig
das **Flug|zeug**
die Flug|zeu|ge
fra|gen

die Frau

der Frei|tag

fremd

die Frem|de

die Frem|den

der Freund

die Freun|de

die Freun|din

die Freun|din|nen

freu|en

frisch

der Frosch

die Frö|sche

die Frucht

die Früch|te

der Früh|ling

das Früh|stück

fül|len

der Fül|ler

die Fül|ler

fünf

der Fuß

die Fü|ße

der Fuß|ball

die Fuß|bäl|le

G g

die Ga|bel

die Ga|beln

der Gar|ten

die Gär|ten

ge|ben

der Ge|burts|tag

die Ge|burts|ta|ge

ge|hen

gelb

das Geld

die Gel|der

das Ge|mü|se

gern

die Ge|schich|te

die Ge|schich|ten

das Ge|sicht

die Ge|sich|ter

das Ge|spenst

die Ge|spens|ter

ges|tern

ge|sund

die Gieß|kan|ne

die Gieß|kan|nen

die Gi|raf|fe
die Gi|raf|fen
die Gi|tar|re
die Gi|tar|ren
das Glas
die Glä|ser
das Gras
die Grä|ser
groß
grün
der Gür|tel
die Gür|tel
die Gur|ke
die Gur|ken
gut

H h

das Haar
die Haa|re
ha|ben
hal|ten
der Hals
die Häl|se

die Hal|te|stel|le
die Hal|te|stel|len
der Ham|mer
die Häm|mer
der Hams|ter
die Hams|ter
die Hand
die Hän|de
hart
der Ha|se
die Ha|sen
das Haus
die Häu|ser
die Haut
die Häu|te
die He|cke
die He|cken
das Heft
die Hef|te
heiß
hei|ßen
hel|fen
hell
das Hemd
die Hem|den
der Herbst

der **Herr**
die Her|ren
das **Herz**
die Her|zen
heu|te
die **He|xe**
die He|xen
hier
die **Hil|fe**
die Hil|fen
der **Him|mel**
hin|ter
hö|ren
die **Ho|se**
die Ho|sen
der **Hub|schrau|ber**
die Hub|schrau|ber
das **Huhn**
die Hüh|ner
der **Hund**
die Hun|de
hun|dert
der **Hut**
die Hü|te

I i

ich
der **Igel**
die Igel
der **Ig|lu**
die Ig|lus
die **In|sel**
die In|seln
das **In|ter|net**

J j

die **Ja|cke**
die Ja|cken
der **Ja|gu|ar**
die Ja|gu|a|re
das **Jahr**
die Jah|re
der **Ja|nu|ar**
je|de, je|des
jetzt

der Jo|ghurt
die Jo|ghurts
der Ju|li
der Jun|ge
die Jun|gen
der Ju|ni

K k

der Kä|fer
die Kä|fer
der Kä|fig
die Kä|fi|ge
das Kän|gu|ru
die Kän|gu|rus
der Kä|se
der Ka|len|der
die Ka|len|der
kalt
der Kamm
die Käm|me
der Ka|pi|tän
die Ka|pi|tä|ne
die Kat|ze
die Kat|zen

kau|fen
ken|nen
die Ker|ze
die Ker|zen
die Ket|te
die Ket|ten
das Kind
die Kin|der
das Kis|sen
die Kis|sen
die Klas|se
die Klas|sen
das Kla|vier
die Kla|vie|re
kle|ben
das Kleid
die Klei|der
klein
klet|tern
der Knopf
die Knöp|fe
der Kof|fer
die Kof|fer
kom|men
der Kö|nig
die Kö|ni|ge

die Kö|ni|gin
die Kö|ni|gin|nen
kön|nen
der Kör|per
die Kör|per
der Kopf
die Köp|fe
der Kran
die Krä|ne
krank
das Kro|ko|dil
die Kro|ko|di|le
die Kro|ne
die Kro|nen
der Ku|chen
die Ku|chen
das Kü|ken
die Kü|ken
der Kür|bis
die Kür|bis|se
die Kuh
die Kü|he
kurz

L l

la|chen
die Lam|pe
die Lam|pen
lang
die La|ter|ne
die La|ter|nen
lau|fen
laut
le|ben
le|gen
der Leh|rer
die Leh|rer
die Leh|re|rin
die Leh|re|rin|nen
leicht
die Lei|ne
die Lei|nen
lei|se
die Lei|ter
die Lei|tern
ler|nen
le|sen

der Leucht|turm
die Leucht|tür|me
die Leu|te
das Le|xi|kon
die Le|xi|ka
das Licht
die Lich|ter
lieb
lie|ben
das Lied
die Lie|der
lie|gen
das Li|ne|al
die Li|ne|a|le
der Löf|fel
die Löf|fel
der Lö|we
die Lö|wen
der Luft|bal|lon
die Luft|bal|lons
die Lu|pe
die Lu|pen

M m

ma|chen
das Mäd|chen
die Mäd|chen
der Mai
ma|len
der Mann
die Män|ner
der März
die Mau|er
die Mau|ern
der Maul|wurf
die Maul|wür|fe
die Maus
die Mäu|se
das Meer|schwein|chen
die Meer|schwein|chen
mehr
das Mes|ser
die Mes|ser
die Milch

die Mi|nu|te
die Mi|nu|ten
das Mit|tag|es|sen
der Mitt|woch
der Mo|nat
die Mo|na|te
der Mond
die Mon|de
der Mon|tag
der Mor|gen
der Mund
die Mün|der
die Müll|ton|ne
die Müll|ton|nen
müs|sen
die Müt|ze
die Müt|zen
die Mu|schel
die Mu|scheln
mu|tig
die Mut|ter
die Müt|ter

N n

die Nacht
die Näch|te
die Na|del
die Na|deln
der Na|me
die Na|men
die Na|se
die Na|sen
nass
der Ne|bel
neh|men
das Nest
die Nes|ter
neu
neun
nie|mand
das Nil|pferd
die Nil|pfer|de
noch
der No|vem|ber
die Nu|del
die Nu|deln

O o

das **Obst**
die **Öl|sar|di|ne**
die Öl|sar|di|nen
of|fen
oh|ne
das **Ohr**
die Oh|ren
der **Ok|to|ber**
der **On|kel**
die On|kel
der **Or|ca**
die Or|cas
der **Ord|ner**
die Ord|ner
der **Os|ter|ha|se**
die Os|ter|ha|sen
Os|tern

P p

das **Pa|ket**
die Pa|ke|te
das **Pa|pier**
die Pa|pie|re
die **Pfan|ne**
die Pfan|nen
der **Pfau**
die Pfau|en
der **Pfeil**
die Pfei|le
das **Pferd**
die Pfer|de
pflan|zen
pfle|gen
der **Pilz**
die Pil|ze
der **Pin|gu|in**
die Pin|gu|i|ne
der **Pin|sel**
die Pin|sel
die **Piz|za**
die Piz|zen

der **Pla|net**
die Pla|ne|ten

der **Platz**
die Plät|ze

die **Pom|mes**

das **Po|ny**
die Po|nys

der **Pul|lo|ver**
die Pul|lo|ver

die **Pup|pe**
die Pup|pen

die **Py|ra|mi|de**
die Py|ra|mi|den

Qu qu

das **Qua|drat**
die Qua|dra|te

qua|ken

die **Qual|le**
die Qual|len

der **Quark**

das **Quar|tett**

der **Quatsch**
quat|schen

das **Quiz**

R r

das **Rad**
die Rä|der

der **Ra|dier|gum|mi**

das **Ra|dio**
die Ra|di|os

ra|ten

die **Rat|te**
die Rat|ten

die **Rau|pe**
die Rau|pen

rech|nen

rechts

re|den

der **Re|gen**

reg|nen

reich

die **Rei|se**

rei|sen

ren|nen

rich|tig

rie|chen

der **Ring**

die Rin|ge
der Rit|ter
die Rit|ter
der Rock
die Rö|cke
rol|len
der Rol|ler
die Rol|ler
die Ro|se
die Ro|sen
rot
der Ruck|sack
die Ruck|sä|cke
der Rü|cken
die Rü|cken
ru|fen
rund
die Rut|sche
die Rut|schen

S s

der Saft
die Säf|te
die Sä|ge
die Sä|gen
sa|gen
das Salz
der Sams|tag
der Sand
san|dig
der Satz
die Sät|ze
schau|en
die Schau|kel
die Schau|keln
schei|nen
schen|ken
die Sche|re
die Sche|ren
das Schiff
die Schif|fe
die Schild|krö|te
die Schild|krö|ten
schla|fen
schla|gen
der Schlit|ten
die Schlit|ten
der Schlüs|sel
die Schlüs|sel
der Schmet|ter|ling

die Schmet|ter|lin|ge

die **Schne|cke**

die Schne|cken

der **Schnee**

schnell

schnei|den

schön

der **Schrank**

die Schrän|ke

schrei|ben

die **Schu|le**

die Schu|len

die **Schul|tü|te**

die Schul|tü|ten

schwarz

das **Schwein**

die Schwei|ne

die **Schwes|ter**

die Schwes|tern

schwim|men

sechs

der **See**

die Seen

se|hen

sein

sei|ne, sei|ner

die **Sei|fe**

die Sei|fen

die **Se|kun|de**

die Se|kun|den

selbst

der **Sep|tem|ber**

sie|ben

sin|gen

sit|zen

das **So|fa**

die So|fas

der **Sohn**

die Söh|ne

sol|len

der **Som|mer**

die **Son|ne**

die Son|nen

der **Sonn|tag**

die **So|ße**

die So|ßen

spät

spa|ren

der **Spa|zier|gang**

die Spa|zier|gän|ge

der **Spie|gel**

die Spie|gel

das **Spiel**

die Spie|le

spie|len
die Spin|ne
die Spin|nen
spre|chen
sprin|gen
der Sport
die Stadt
die Städ|te
die Stan|ge
die Stan|gen
stark
ste|hen
der Stein
die Stei|ne
stel|len
der Stern
die Ster|ne
der Stie|fel
die Stie|fel
der Stift
die Stif|te
die Stirn
der Storch
die Stör|che
die Stra|ße
die Stra|ßen

der Strauch
die Sträu|cher
der Stuhl
die Stüh|le
die Stun|de
die Stun|den
su|chen
die Sup|pe
die Sup|pen
süß

T t

die Ta|fel
die Ta|feln
der Tag
die Ta|ge
die Tan|te
die Tan|ten
die Ta|sche
die Ta|schen
die Tas|se
die Tas|sen
der Tau|cher

das **Ta|xi**
die Ta|xis
der **Ted|dy**
die Ted|dys
der **Tee**
das **Te|le|fon**
die Te|le|fo|ne
der **Tel|ler**
die Tel|ler
der **Tep|pich**
die Tep|pi|che
das **Tier**
die Tie|re
der **Ti|ger**
die Ti|ger
der **Tisch**
die Ti|sche
die **Toch|ter**
die Töch|ter
toll
der **Topf**
die Töp|fe
tra|gen
trin|ken
träu|men
die **Tür**
die Tü|ren
der **Turm**
die Tür|me
tur|nen

U u

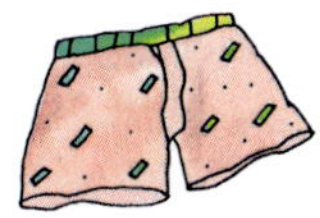

die **U-Bahn**
üben
über
das **Über|hol|ver|bot**
die **Uhr**
die Uh|ren
der **Uhu**
die Uhus
un|ten
un|ter
die **Un|ter|ho|se**
die Un|ter|ho|sen

V v

der **Vam|pir**
die Vam|pi|re
die **Va|se**
die Va|sen

der Va|ter
die Vä|ter

ver|ges|sen

der Ver|kehr

ver|lie|ren

ver|su|chen

viel|leicht

vier

der Vo|gel
die Vö|gel

voll

vor|bei

vor|sich|tig

der Vul|kan
die Vul|ka|ne

W w

der Wa|gen
die Wa|gen

der Wal
die Wa|le

der Wald
die Wäl|der

die Wand
die Wän|de

warm

war|ten

wa|schen

das Was|ser

der Weg
die We|ge

Weih|nach|ten

wei|nen

weiß

wel|che

das Welt|all

wer|den

wer|fen

die Wes|pe
die Wes|pen

das Wet|ter

wie|der

die Wie|se
die Wie|sen

der Wind
die Win|de

der Win|ter

die Wip|pe
die Wip|pen

die Wo|che
die Wo|chen

woh|nen
der Wolf
die Wöl|fe
die Wol|ke
die Wol|ken
wol|len
das Wort
die Wör|ter
wün|schen
der Wür|fel
die Wür|fel
der Wurm
die Wür|mer
die Wurst
die Würs|te
die Wur|zel
die Wur|zeln

X x

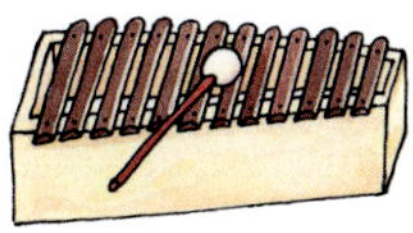

das Xy|lo|fon
die Xy|lo|fo|ne

die X-Bei|ne

Y y

die Yacht
die Yach|ten
das Yak
der Yo|gi

Z z

die Zahl
die Zah|len
zäh|len
der Zahn
die Zäh|ne
die Zahn|bürs|te
die Zahn|bürs|ten
die Zan|ge
die Zan|gen
der Zau|be|rer
die Zau|be|rer
der Zaun

die Zäu|ne

das **Ze|bra**

die Ze|bras

der **Zeh**

die Ze|hen

zehn

zei|gen

die **Zeit**

die **Zei|tung**

die Zei|tun|gen

das **Zelt**

die Zel|te

die **Zie|ge**

die Zie|gen

das **Zim|mer**

die Zim|mer

die **Zi|tro|ne**

die Zi|tro|nen

der **Zopf**

die Zöp|fe

der **Zoo**

der **Zu|cker**

die **Zun|ge**

die Zun|gen

zwei

die **Zwie|bel**

die Zwie|beln

zwölf

der **Zy|lin|der**

die Zy|lin|der

Konfetti

A B C

Name: ______________________________

Das ist das ABC

Welche Bücher sind nach dem ABC geordnet?

Sind die Wörter in deinem Wörterheft auch nach dem ABC geordnet?

ja ○ nein ○

Kennst du jemanden,
der das ABC auswendig kann?
Schreibe den Namen auf.

____

Kannst du das ABC auswendig?

ja ○ nein ○

So viele Tage brauche ich,
bis ich das ABC auswendig kann:

__________ Tage

Für Expertinnen und Experten:
Kennst du ein anderes Wort für
ABC?

____

Verbinde die Buchstaben nach dem ABC. Fange bei **A** an.

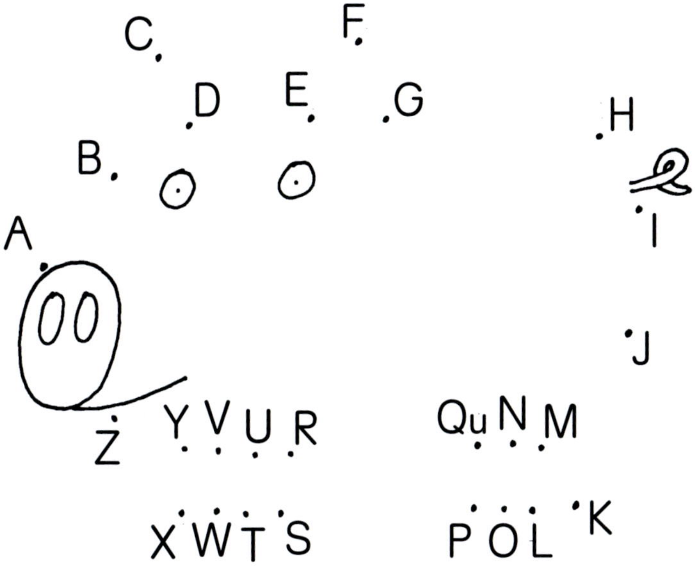

Verbinde die Buchstaben nach dem ABC. Fange bei **a** an.

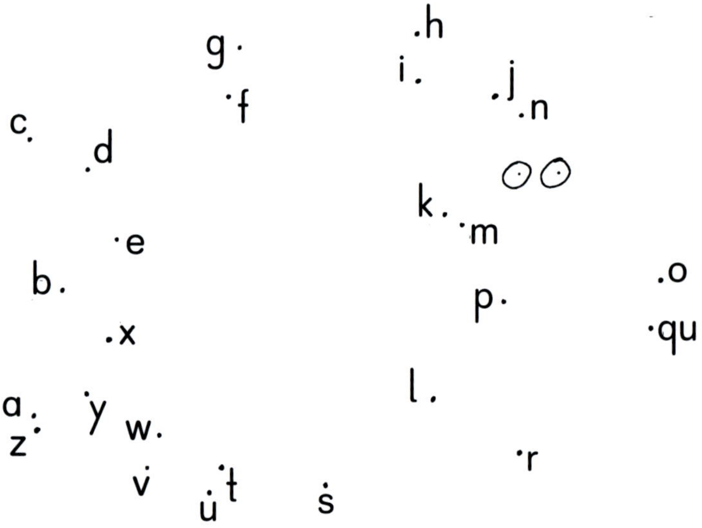

Ein ABC-Gedicht lernen

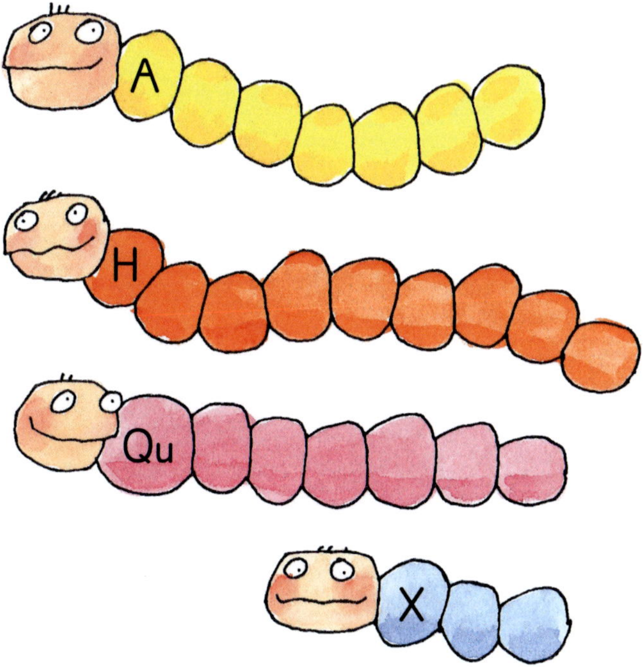

Suche dir im Konfetti-Buch
ein ABC-Gedicht aus.
Lerne es auswendig.

Das ABC üben: A ich – B du

Suche dir ein Partnerkind.

Du fängst an: A

Dein Partnerkind: B

Dann du: C

So geht es auch:
Jeder sagt zwei Buchstaben.

Das war ...

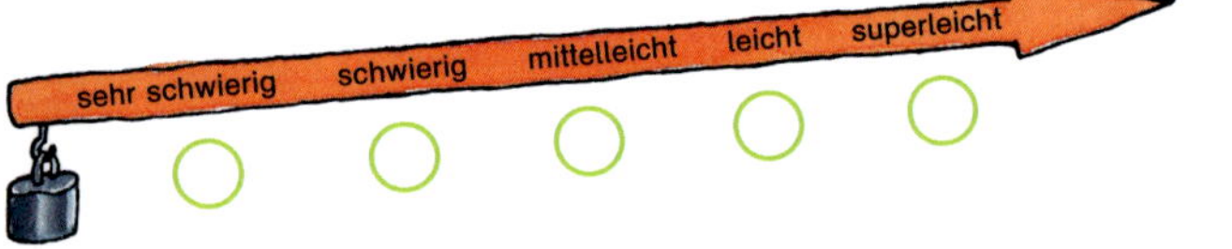

Das ABC üben: Schritt für Schritt

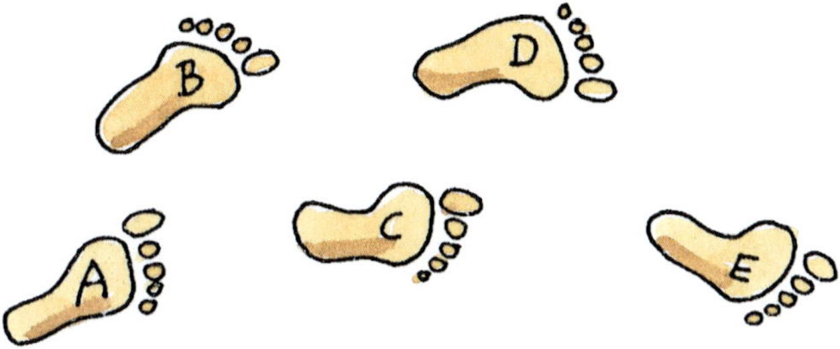

Gehe den Flur entlang.

Sage bei jedem Schritt
einen Buchstaben.

So geht es auch:
Nimm ein Springseil und hüpfe.

Das war ...

Das ABC üben: Am Computer

Schreibe das ABC am Computer.

So geht es auch:
Gestalte mit Buntstiften
ein ABC-Blatt.

Das war ...

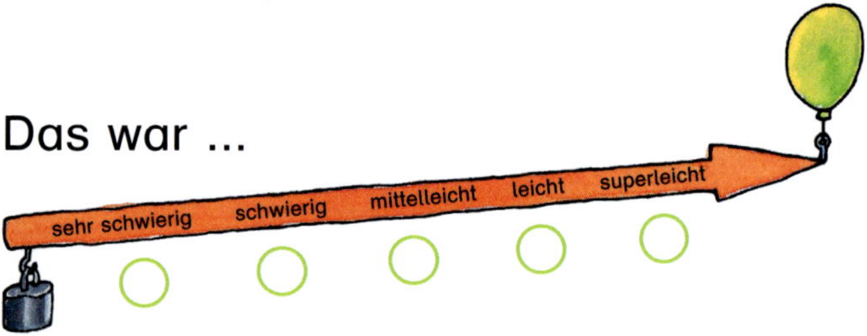

Nach dem ABC ordnen

Nach dem **A** kommt das **B** im ABC.

Wie heißt der Nachfolger?

A	F	Y	H	B	G	M
B						

Kontrolliere mit der Seite 2:

Ich habe ☐ Nachfolger richtig gefunden!

Nach dem ABC ordnen

Ordne diese Wörter ein:

Bär	Maus	Raupe
Ente	Krokodil	Giraffe

Affe	Dackel
Fisch	Jaguar
Lama	Qualle

Nach dem ABC ordnen

Vor dem **B** kommt das **A** im ABC.

Wie heißt der Vorgänger?

A						
B	Z	M	E	V	J	K

Kontrolliere mit der Seite 2:

Ich habe ☐ Vorgänger richtig gefunden!

Nach dem ABC ordnen

Ordne diese Wörter ein:

Ameise	Vogel	Igel
Otter	Delfin	Giraffe

Bär

Ente

Hase

Jaguar

Pony

Wal

Nach dem 2. Buchstaben ordnen

Wer hat recht?
Schau im Wörterheft nach.

Zuerst kommt ________________.

Dann kommt ________________.

Weißt du warum?

Bei **Affe** ist der 2. Buchstabe ein **f**.

Bei **Ameise** ist der 2. Buchstabe ein **m**.

f steht vor **m** im ABC.

Was steht zuerst im Wörterheft?

Kreuze an.

Abend ○ Ampel ○	Bein ○ Baby ○
Erde ○ Elefant ○	Rutsche ○ Radio ○
Wasser ○ Winter ○	Kuchen ○ Kopf ○
Januar ○ Junge ○	Sonne ○ Suppe ○

Überprüfe mit dem Wörterheft.

Arbeit mit dem Wörterheft

Suche die Wörter im Wörterheft.

Schreibe sie richtig auf.
Schreibe die Seitenzahl dazu.

 ______________________ Seite ________

 ______________________ Seite ________

 ______________________ Seite ________

 ______________________ Seite ________

Arbeit mit dem Wörterheft

Finde Nachfolger oder Vorgänger.

Welches Wort steht **nach** leicht ?

___

Welches Wort steht **nach** Eltern ?

___

Welches Wort steht **nach** zwei ?

___

Welches Wort steht **vor** Comic ?

___

Welches Wort steht **vor** Gespenst ?

___

Welches Wort steht **vor** rufen ?

___

Arbeit mit dem Wörterheft

Wie heißt das **erste** Wort beim ...

Buchstaben **C** ? ______________________

Buchstaben **T** ? ______________________

Buchstaben **B** ? ______________________

Wie heißt das **letzte** Wort beim ...

Buchstaben **G** ? ______________________

Buchstaben **X** ? ______________________

Buchstaben **H** ? ______________________

Mein Tier-ABC

Suche zu jedem Buchstaben ein Tier im Wörterheft.
Schreibe es auf.

A

B

C

D

E

Mein Tier-ABC

F	
G	
H	
I	
J	
K	
L	

Mein Tier-ABC

M

N

O

P

Qu

R

S

Mein Tier-ABC

T	
U	
V	
W	
X	
Y	
Z	

Konfetti

Werkzeugkiste
für die Rechtschreibung

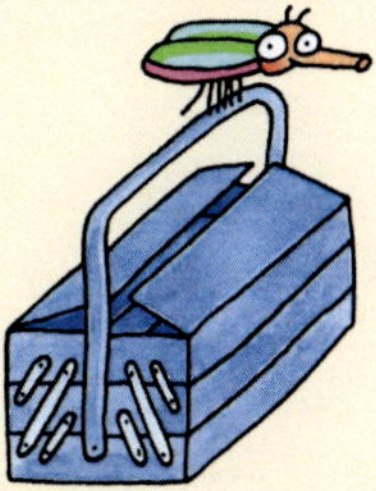

Name: ____________________________

In dieser „Werkzeugkiste“ sind alle Werkzeuge im Kurzüberblick zu sehen, die im Konfetti – Heft: „Rechtschreiben und Sprache untersuchen 1/2“ verwendet werden.

Bevor die Kinder mit „Rechtschreiben und Sprache untersuchen 1/2“ arbeiten, sollten sie die Inhalte, die zu den Werkzeugen gehören, schon im mündlichen Rechtschreibgespräch kennengelernt haben. Weitere Hinweise und Anregungen dazu finden sich im Lehrermaterial. Mit den Übungen im Kursheft vertiefen die Kinder ihr Rechtschreibwissen und entwickeln Sicherheit im Umgang mit Regeln.

Die Symbole (Werkzeuge) sind für die Kinder eine Erinnerungshilfe. Sie werden außerdem als Korrekturzeichen verwendet. Wenn die Kinder ein Symbol in ihrem Text sehen, wissen sie, welche Strategie sie zum Verbessern anwenden können.

Die Reihenfolge der Werkzeuge in diesem Heftchen entspricht der Reihenfolge im Kursheft. Sie ist aber für die mündliche Einführung nicht zwingend notwendig.

Ich kann Mundwörter erkennen.

Bei einem Mundwort kann ich alle Buchstaben hören.
Ich lese und spreche das Wort ganz langsam.

Ich prüfe:

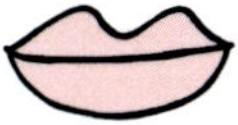

Habe ich für jeden Laut einen Buchstaben geschrieben?

L ö w e   H a s e

Ich kann besondere Stellen im Wort erkennen.

Eine besondere Stelle im Wort ist schwer zu hören.
Der springende Punkt zeigt die Stelle.

Ich prüfe:

Hat das Wort eine besondere Stelle?

Habe ich die Stelle markiert?

F l i e g e   S t u h l

Ich kann Wörter mit einer Vorlage überprüfen.

Ich prüfe:

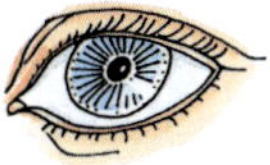

Wie steht das Wort in der Vorlage? Habe ich es auch so geschrieben?

Ich prüfe:

Wie steht das Wort im Wörterheft? Habe ich es auch so geschrieben?

Wörterliste

der Jaguar
der Käse
das Lexikon
der Mixer

k
L e x i ~~j~~ o n

Ich kann Vokale erkennen.

In jeder Silbe steht ein Buchstabe aus dem blauen Turm.
Dieser Buchstabe heißt Vokal.

Ich prüfe:

Wie viele Silben hat das Wort?

Steht in jeder Silbe ein Vokal?

T o m a t e
o a e

K a t z e
a e

Ich kann Anfang und Ende eines Satzes beachten.

Am Anfang eines Satzes steht immer ein großer Buchstabe.
Am Ende eines Satzes steht ein Punkt.
Nach einer Frage steht ein Fragezeichen.

Ich prüfe:

Steht am Anfang des Satzes ein großer Buchstabe?

Steht am Ende des Satzes ein Punkt?

Ist es eine Frage?

Die Fledermaus ist keine Maus**.**
Wo lebt die Fledermaus**?**

Ich kann verlängerte Wörter als Schreibhilfe nutzen.

Achtung, wenn du ein **t**, ein **p** oder ein **k** am Ende hörst. Manche Wörter klingen am Ende anders als sie geschrieben werden.

Ich prüfe:

Höre ich am Ende ein **t**, ein **p** oder ein **k**?

Was höre ich, wenn ich das Wort verlängere?

Hun**?**	Ber**?**	Kor**?**
Hun**d**e	Ber**g**e	Kör**b**e
Hun**d**	Ber**g**	Kor**b**

Ich kann verwandte Wörter als Schreibhilfe nutzen.

Ball und Bälle sind verwandte Wörter.
Bei verwandten Wörtern kann
aus dem **a** ein **ä** werden.
Baum und Bäume sind verwandt.
Bei verwandten Wörtern kann
aus dem **au** ein **äu** werden.

Ich prüfe:

Gibt es ein verwandtes Wort?

Was höre ich bei dem verwandten Wort?

Gl **?** ser	Gl**a**s	Gl**ä**ser
M **?** se	M**au**s	M**äu**se

Ich kann Nomen erkennen und großschreiben.

Nomen sind Wörter für Menschen, Tiere, Dinge und Pflanzen.

Nomen haben immer am Anfang einen großen Buchstaben.

Ich prüfe:

Hat das Wort Einzahl und Mehrzahl?

Kann ich das Wort mit **der**, **die** oder **das** verbinden?

viele Katzen – **die** Katze

Ich kann zusammengesetzte Nomen richtig schreiben.

Aus zwei Nomen kann ich ein neues Nomen bilden. Das neue Nomen ist **ein** Wort. Es hat nur am Anfang einen großen Buchstaben.

Ich prüfe:

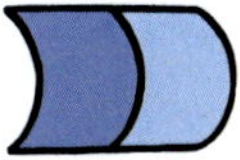

Hat das neue Nomen nur am Anfang einen großen Buchstaben?

Apfel + Saft = **A**pfelsaft

Ich kann bei Verben die Grundform als Schreibhilfe nutzen.

Ich erkenne Verben mit diesen Fragen:

Was tut ...?
Was tun ...?

Lisa schreibt.
Was tut Lisa? **schreibt**

Achtung, wenn du im Verb ein **t**, ein **p** oder ein **k** hörst.
Bilde die Grundform

Ich prüfe:

Was höre ich in der Grundform?

schrei**?**t: **p** oder **b**?
Grundform: schrei**b**en – schrei**b**t

Ich kann Adjektive erkennen und verlängern.

Ich erkenne Adjektive mit diesen Fragen:

Wie ist ...?
Wie sind ...?

Die Maus ist mutig.
Wie ist die Maus? **mutig**

Achtung, wenn du beim Adjektiv ein **t**, ein **p** oder ein **k** am Ende hörst.

Ich prüfe:

Was höre ich, wenn ich das Adjektiv verlängere?

muti**?** die muti**g**e Maus – muti**g**

Ich weiß, was diese Wörter bedeuten:

- ◯ Buchstabe
- ◯ Silbe
- ◯ Satz
- ◯ Fragezeichen
- ◯ Mundwort
- ◯ springender Punkt
- ◯ Vokal
- ◯ Konsonant
- ◯ Alphabet

- ○ Nomen
- ○ Einzahl
- ○ Mehrzahl
- ○ Artikel
- ○ Verb
- ○ Grundform
- ○ Adjektiv
- ○ zusammengesetztes Nomen

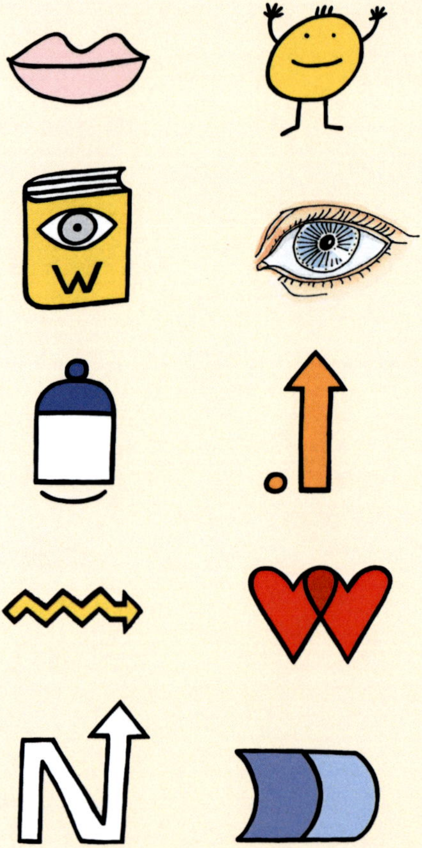

Mein großes

SCHULSTARTBUCH

LESEN · SCHREIBEN · RECHNEN

Ravensburger

INHALT

BUCHSTABEN UND WÖRTER

KONZENTRATION

ZÄHLEN UND ZAHLEN

LOGIK

ANHANG